フロイト技法論集

藤山直樹 編・監訳
坂井俊之　鈴木菜実子 編・訳

岩崎学術出版社

目次

フロイト技法論集

凡　例

・「精神分析における夢解釈の取り扱い」以下の六篇はＳＥ（英語標準版）においてストレイチーによって Papers on Technique として一括されているため、ここでもはじめにこの六篇をまとめて掲載した。
・「原注」は（1）、（2）の形式で示し、注本文は脚注として該当頁の下部に収めた。
・ストレイチーによる「訳注」は（a）、（b）の形式で示し、注本文は［　］で括り脚注として該当頁の下部に収めた。本文および原注本文におけるストレイチーの補足も［　］で示した。
・日本語版監訳者による「監訳者注」は（一）、（二）の形式で示し、注本文は各論文の後ろにまとめた。

精神分析における夢解釈の取り扱い（一九一一）

『精神分析中央誌 *Zentrablatt für Pshychoanalyse*』[a]は、単に読者に精神分析的な知識の発展を知らせ、この主題に関する比較的短い投稿を自ら公表するために計画されただけではない[b]。すでに知られていることの明確な概要を後進に示すことや、分析実践の初心者に適切な指示を提供することによって彼らの時間や労力の節約をするというさらなる課題を達成することもまた、その目的なのである。このため、必ずしも新しい事柄が含まれていない教育的な種類の論文や技法的な主題についての論文も、今後この雑誌に同様に登場することだろう。

私がいま扱おうとしている問題は、夢解釈の技法そのものについてではない。つまり、夢が解釈されるべき方法や解釈がなされたときのそうした解釈の使用法を考えようとしているわけではない。あくまで、分析家が患者の精神分析的治療において夢解釈の技法をどのように用いるべきかを扱おうとしているのである。このことについて、いろいろな方法があることは間違いない。しかし、分析における技法的な問題への回答は決して自明のものではない。おそらくよい道筋はひとつならずあるだろうが、とても多くの悪い道筋もある。種々の方法を比較すれば、特定の方法がよいという決定に導かれないとしても、この問題に必ず光を当てられるであろう。

夢解釈から分析実践に入った人は誰でも、夢の内容への関心や患者が語ったすべての夢をで

（a）［本論文が初めに発表された雑誌。］

（b）［より長い論文は、『精神分析年報 *Jahrbuch*』にて掲載された。『標準版』一四巻四六―四七頁を見よ。］

きるだけ完全に解釈したいという気持ちをもちつづけているだろう。しかし、彼はすぐに、自分がいまは非常に異なった状況のもとで仕事をしているのであり、そうした自分の意向を実行しようとすれば治療における最も当面の課題と衝突することになると気づくだろう。たとえ患者の最初の夢が最初の説明のとっかかりにまさにぴったりだということがわかったとしても、他の夢がすぐに現れる。それらはあまりに長く曖昧で、一日の限られたセッションのなかで、そこから十全な意味を抽出することはできない。医師が翌日以降も解釈の仕事を続けると、そうこうするうちに新しい夢がいくつも生み出される。すると、最初の夢が最終的に解明されたと医師が見なせるまで、それらは脇に置かれることになってしまう。ときに夢はとても豊富に生み出され、患者の夢の理解に向けての進展はゆっくりとしたものなので、どうしても分析家はひとつの懐疑を抱かざるをえなくなる。夢が次々出現することが単なる患者の抵抗のあらわれであって、この方法ではこんなふうなやり方で提示されるものを扱いきれないという発見を患者が利用しているのではないかという懐疑である。さらに、そうしているうちに治療は現在から遠く取り残されたところに落ち込み、現実との接触を失ってしまう。そうした技法に陥らないように、ひとつの原則が打ち立てられる。それは、分析家がどのような瞬間にも患者のこころの表面を常に意識し、どのようなコンプレックスや抵抗がそのとき患者のなかで活性化し、それらへのどのような意識的反応が患者のふるまいを規定しているのかを知っておくことが、治療において最大の重要性をもつということである。夢解釈への興味のためにこうした治療目的を犠牲にするのは決して正しくない。

では、私たちがこの規則をこころに留めておくとき、分析において夢の解釈に対して取るべき態度はどのようなものになるのだろうか。おおよそ次のようになるだろう。ひとつのセッシヨンで達成することのできる解釈の結果を十分なものとして受け取り、夢の内容を十分に見出せなくともそれを損失と見なさないことである。翌日に夢の解釈を当然のこととして再開するのではなく、患者の思考の前景に他のものがしばらく何も出てこないことが明らかになってはじめて行われるべきである。つまり、最初に患者の頭に思い浮かんだことが最初に扱われるべきであるという規則に対して、中断された夢解釈をするための例外を設けることはないのである。もし前の夢を処理する前に新しい夢が現れたら、より新しい産物に注意が向けられるべきであり、前の夢を放っておくことについてこころ苦しく感じる必要は全くない。夢があまりに拡散して広範なものとなってしまう場合、それらを完全に解明するという期待ははじめからこころのなかで諦めておくべきである。一般に、夢の解釈に特別な関心を示すことや、夢をもってこなければ仕事が停滞してしまうという患者の考えを刺激することは控えねばならない。そうでなければ、夢の産出に対する抵抗が生じ、結果として夢が途絶えることになる危険性がある。逆に、患者には、彼が夢をもってくるかとか、それらにどれだけ注意が払われるかとかにかかわらず、分析はいつもその継続のための素材を見出すのだということを信じさせねばならない。

さて、夢解釈がそうした技法的な制限にしたがって行われるしかないとしたら、無意識に光を投げかけるであろう非常に価値のある素材を諦めることになるのではないかという問いが、今度は生まれてくる。これへの回答は、その損失はできごとを表面的に捉えたとき思ったほどには重要でない、というものである。まず最初に、深刻な神経症の場合、精緻な夢の産物はどれも完全に解き明かすことが原理的に望めないと見なさねばならないことを知っておかねばならない。この種の夢は、医者にも患者にもまだ知られていないその事例の病因的素材全体に基づいている（いわゆる「プログラム夢」とか伝記的夢と呼ばれるもの）[c]ことが往々にしてあり、ときにその神経症の内容全体の夢言語への翻訳と等価である。そうした夢を解釈しようと試みる際には、潜在的でまだ触れられていないすべての抵抗が刺激されて活性化し、私たちの理解をすぐに制限するだろう。そのような夢の完全な解釈は分析全体の終了と一致する。そうした夢を最初にこころに留めておけば、何カ月も経って分析が終わる際には理解することが可能になるかもしれない。それは個々の症状（おそらく主要な症状）が解明されるのと同じである。ひとつの症状の解明にも分析全体が必要とされる。私たちは治療の過程において、あるときは症状の意味のあの部分を、別のときはこの部分を、それらが組み上がるまでひとつひとつ把握しようと努めねばならない。同様に、分析の初期段階において現れた夢に多くのことを期待することはできない。夢解釈の試みがひとつの病因的な願望的衝動に光を当てるだけで満足せねばならない[d]。

こういうわけで、完全な夢解釈というアイデアを放棄したからといって、到達しうるはずの何かを断念したわけではない。比較的古い夢についての解釈を中断してより新しい夢に向かっても、通常何も失われない。私たちは十分に分析された夢の見事な例から、ある夢のいくつかの連続したシーンの内容は同じであって、ただ表現が明確さを増していくことを見出した。そしてまた、同じ夜に見たいくつもの夢がいろいろな形で表現されていても、ひとつの意味をあらわす試みに他ならないことも私たちは知っている[e]。一般的に、今日夢を創造するすべての願望的衝動は、その夢が理解され無意識の支配から脱却しない限り、別の夢のなかで再び現れると信じてよいだろう。それゆえしばしば起きることは、夢の解釈を完成させる最良の方法が、古い夢を放っておいて、同じ素材をより理解しやすい形で含んでいるであろう新しい夢に注意

（c）［『夢の解釈』（一九〇〇a）、『標準版』五巻三四八頁および三六六頁を見よ。］

（d）［夢を解釈することの可能性の限界についての長い議論については、「夢解釈の全体についてのいくつかの補遺」（一九二五i）のA節を見よ。］

（e）［『夢の解釈』『標準版』五巻五二五頁を見よ。］

を注ぐことだということである。治療中に意識的な意図的目標を諦めたり、いまだ「偶然の」ように見える導きにとにかく身をゆだねたりするように期待したりすることは、患者だけでなく医者にも多くのことを要求することを私は知っている。しかし、それに対して私が答えうるのは、自身の理論的原則を信頼することを決意し、ものごとをつなぐ結びつきを確立する際の無意識による導きと争わないように自分に言い聞かせる者は、必ず報われるということである。

　それゆえ私は、分析治療において、夢解釈をそれ自体が目的であるようなひとつの業《わざ》として追及するのではなく、その取扱いをひとまとまりとしての治療行為を統べる技法的規則にしたがわせるべきであると思う。もちろん、ときたま違ったようにふるまうことはできるし、すこしは理論的関心に耽ることも許されるだろう。しかし、常に自分が何をしているか自覚していなければならない。考慮すべきもうひとつの状況は、私たちが夢象徴の理解により自信を持ち、患者の連想にあまり頼らなくなったと気づいた後で生じてくる。非常に熟練した夢の解釈者はときに、夢と取り組む退屈で時間を浪費する過程を通過することを患者に求めることなしに、どんな夢でも見透かしうる立場に自分がいることを見出すだろう。それゆえ、そうした分析家は夢を解釈せよという要求と治療から来る要求とのあいだのどんな葛藤からも自由である。さらに彼は、自分が患者の夢から見出したすべてのことを患者に伝えることで、夢解釈をどんな場合にも利用しつくしたいという誘惑に駆られるだろう。しかしもしそうすれば、彼は確立された方法からかなり外れた治療法を採用してしまうことになる。このことについては別のつながりで指摘するつもりである。[f] いずれにせよ、精神分析実践の初心者はこの例外的な場合を手本としないように助言したい。

　患者が夢の翻訳の技法について何かを学ぶ前にもってくる最初の夢については、すべての分

（f）［これはおそらく、後述の「治療の開始について」『標準版』一二巻一四〇―一四一頁（本書五六頁）の一節についての言及であろう。］

析家が、私たちがここまで想像してきたすぐれた夢解釈者の位置にいる。こうした最初の夢は素朴な形で描写され、いわゆる健常者の夢に似て、聴き手に多くのことを明かしてくれる。ここで、分析家が患者の夢から読み取ったすべてのことを患者にすぐに伝えるかどうかという問題が生じる。しかし、ここはこの問題に答えるにふさわしい場ではない。なぜならこれは明らかにより広範な問題の一部分をかたちづくっているためである。治療のどの段階でどれだけ迅速に、分析家が患者のこころのなかに隠されて横たわっているものについての知識に患者を導くかという問題である。(g) 患者が夢解釈の実践について学ぶにつれ、後から出てくる夢は不明瞭になっていくのがふつうである。夢から得られたすべての知識が、夢構成過程に警戒態勢を取らせるようにも働くのである。

夢についての「科学的」な研究は、夢解釈を拒否しているにもかかわらず精神分析からの新しい刺激を受けている。そこでは、夢のテクストの正確な保存という無駄なことに力を入れていることが見受けられる。これは目覚めた直後の数時間における歪曲や摩損からテクストを保護することを目指していると考えられる。目覚めたらすぐにすべての夢を書きとめるように患者に指示を与える精神分析家さえいるが、そうした者たちが夢形成の条件についての知識に十分一貫して依拠しているとは思えない。治療的仕事においてこのような決まりは無用なものである。(h) 睡眠を妨げたり、なんの役にも立たないところに大いなる熱意を示したりするために、患者は喜んでその規則を利用する。こうしたやり方で苦労して夢のテクストが忘却から救われたとしても、患者の得るものが何もないことは容易に確信できる。テクストに対して連想が出てこないのであれば、夢が保存されていなかったのと結果は同様である。たしかに医師が他のやり方で得ることのできない知識をいくらか得ていることは間違いないだろう。しかし、分析

(g)［これは「治療の開始について」『標準版』一二巻一三九頁（本書五五頁）以降で取り扱われている。］

(h)［学問的な目的のために、フロイトは自身の夢を分析する中で、夢のテクストを書きとめている。たとえば、『夢の解釈』、『標準版』四巻一〇六頁、五巻四五五頁を見よ。同書、五巻五一二―五一五頁では夢の「テクスト」についての問題も論じられている。］

家が何かを知っていることと患者が何かを知っていることは同じことではない。精神分析技法における この違いの重要性は、別のところでもっと十分に考察しよう(i)。

最後に特定のタイプの夢について言及したい。この夢は、その特質からして精神分析治療の過程のなかでしか生じず、初心者を困惑させ、誤った方に導くこともあるものである。これらはいわば「後追いする」ような(j)、確証を与える夢である。それらは分析しやすく、それらの翻訳は、日常連想の素材をもとに最近数日間に治療によって推定されたものを提示しているに過ぎない。こうしたことが起こると、まるで患者がとても好意的で、直前に「暗示」されたことを夢という形式でその通りにもってきているかのように見える。より経験を積んだ分析家は、患者にそのような好意があると考えることに間違いなくいくぶんの困難を感じるだろう。彼はそのような夢をお望み通りの裏づけであると受け取り、それらは治療の影響によってもたらされるある状況下でのみ見られるものだと認識する。多くの夢が分析の先を行くように現れる。だから、そうした夢のなかから、すでに知られているもの、理解されているものをすべて差し引いても、多かれ少なかれ今まで隠されていたものについての明瞭なヒントが残っているのである。

(i)[「治療の開始について」の後半部分、『標準版』三巻一四一—一四二頁(本書五七頁)。]

(j)[「夢解釈の理論と実践についての意見」(一九二三c)の七節参照。]

転移の力動（一九一二）

転移というほとんど論じ尽くせない主題は、最近この雑誌[a]においてヴィルヘルム・シュテーケル（一九一一b）が記述的なやり方で扱っている。私は以下のページにおいて若干のコメントを付け加えて、いかにして転移が精神分析的治療に必然的に生じるのか、いかにしてそのなかで転移が周知の役割を果たすようになるのかを説明したいと思う。

　理解しておかねばならないことは、人は誰しも生来の素質と幼少期に背負わされたさまざまな影響との共同の作用によって、性愛生活を営むその人自身のやり方を獲得するということである。すなわちそれは、恋に落ちるために彼が定める条件や満足させる欲動、その成り行きに置く目的といったものである[1]。これによって、言わばひとつの（あるいはいくつかの）印刷原版が作り出される。外的な事情と手が届く愛情対象の性質とが許す限り、それはその人の人生において絶えず繰り返され――つまり絶えず新たに印刷される。もちろん、最近の経験に直面したときに必ずしも影響を受けないわけではない[一]。さて、私たちの観察によれば、性愛生活の成り行きを規定するこうした衝動のうち、十分な心的発達の過程を遂げているのはほんの一部に過ぎない。その部分は現実へと方向づけられ、意識的な人格の支配下にあり、その一部をかたちづくっている。一方、このリビドー的衝動のその他の部分は発達の進行を止められている。つまり、意識的人格からも現実からも遠ざけられ、ただ空想のなかだけで広がることが許され

（a）［『精神分析中央誌』。ここでこの論文は初出している。］

（1）私はこの機会に、幼児期のさまざまな印象の重要性を強調したことにより、生来の（体質的な）諸要因のそれを否定していると誤解されて非難を受けていることに対して、自分自身を弁護しようと思う。こうした非難が生じるのは、因果関係の領域において、人が求めることの制約された性質によるものである。この現実世界で通常正しいとされることとは対照的に、人々はたったひとつの原因因子で満足する方を好む。精神分析は病因論に関する偶然の要因について多くを語り、体質的なものについてはほとん

るか、もしくは完全に無意識のなかに残されるためにその人格の意識には知られることがないかである。ある人の愛へのニードが現実によってそのすべてを満たされていないのであれば、その人は新たに出会うあらゆる人にリビドー的期待観念を抱いて近づくことになる。リビドーの両方の部分が、つまり意識化しうる部分だけでなく無意識的な部分もこうした態度をかたちづくることに一役買っていることは、全くありそうな話である。

　とすると、誰かのまだ一部分満たされていないリビドー備給、期待のうちに準備されていた備給が、医師という人物にも向けられるのは全く正常で理解できることである。先ほどの仮説にしたがえば、この備給は原型を頼りとしてその主体のなかに存在する印刷原版のひとつに結びつくだろう。あるいは立場を換えてみれば、備給によって、医師は患者がすでに形成してきた心的「諸系列」のひとつにはめ込まれることになる。「父親イマーゴ」というユング（一九一一、一六四頁）による適切な用語を借りれば、それがこうしたことが起こる決定的な要因であるなら、その結果は主体の医師に対する現実関係と一致するだろう。しかし転移はこの特定の原型に縛られるわけではない。母親イマーゴや兄弟イマーゴにしたがって生じることもありうる。医師への転移の特殊さは量においても質においても、納得しうる合理的な根拠によって正当化されるいかなるものをも超えているので、この転移が意識的な期待観念のみならず、押しとどめられているもしくは無意識的な期待観念によってまさに立ち上げられたのだということをこころに留めておかなければ理解できない。

　このような転移のふるまいについてこれ以上討論したり悩んだりすることはないが、精神分析にとって特別な関心事であるふたつのことが説明されないままである。第一に、分析を受けている神経症患者においては、分析を受けていない神経症の人よりもなぜ転移がそれほど強烈

ど語っていない。しかし、それはただ前者に対しては何か新しい貢献をすることができるが、後者については一般的に知られている以上のことをさしあたり知らなかったからに過ぎない。私たちはふたつの病因となる要因の間で原則的にいかなる対比関係も置きたくはない。反対に、そのふたつは通常相まって作用して、先に観察したような結果を生ずると想定する。ダイモーンとテュケー *Δαίμων καὶ Τύχη*［素質と偶然］が人の運命を決定する。このどちらかだけなどということはほとんどないか、もしくは皆無である。そのふたつのそれぞれに帰せられる病因的効力の量には、それぞれのケースにおいて別々にたどりつくことしかできない。ふたつの要因が存在するさまざまな比率にしたがって、これらのケースはひとつの系列のなかに配置することができるだろう。そしてその系列のなかには疑いなく

なのかということが私たちにはわかっていない。そして第二には、分析の外では転移は治癒の担い手で成功の条件だと見なされるべきものなのに、なぜ精神分析においては転移が治療に対する**最も強力な抵抗として**現れるのかという謎が依然として残っている。というのは、経験が示すように——そしてそれはその気になればいつでも確かめられることだが——、患者の自由連想がうまくいかないときには(2)、患者がたったいま医師その人あるいは医師に関する何らかの連想にとらわれていることを確言すれば、必ず停滞は解消されるからである。このような説明がなされた途端に停滞は取り除かれる。さもなければ状況が変わって、連想ができない状況から連想を言わないでいるという状況になるのである。一見したところ、他のところでは成功のための最も強力な要因であるはずのものが抵抗の最も強力な手段に変わることは、方法としての精神分析にとってははなはだしい不利益だと思われるかもしれない。しかしながら、より詳しく状況を検討すると、少なくとも私たちのふたつの問題のうち最初の問題は解決できる。実をいうと、精神分析中に、それ以外の状況においてよりも転移がより強烈で抑制を欠いて生じるというのは間違いである。神経症の患者を分析的に治療していない施設のなかでは、転移が最も強烈に最も価値のない形式で現れ、心的束縛にまで達し、さらには明白に性愛的な色彩を帯びることさえも観察できる。ガブリエレ・ロイターは鋭い観察力をもって、まだ精神分析のようなものが存在しない時代に注目すべき本のなかでこのことを描き出していた。その本はすべての点において神経症の本質と発生について極めて優れた洞察を明らかにしている(3)。ゆえに転移のこうした特徴は精神分析に帰せられるべきでなく、むしろ神経症そのものに帰せられるべきである。

第二の問題——なぜ転移が精神分析のなかでは抵抗として現れるのかという問題——にはい

極端なケースも存在するだろう。私たちの知識によって到達した段階にしたがって、それぞれのケースで異なっている体質と経験の配分について評価することになろう。そして、私たちの理解が変わるにつれて判断を変える権利を有しているだろう。さらには、体質それ自体を、祖先以来の無限に続く連鎖の中で偶然の影響が生み出した沈殿物であるとあえて捉えることもできるだろう。

（2）私が言おうとしているのは、本当に連想が途絶えたときであって、たとえば、患者がよくある不快感のために連想を言わずにいるような場合ではない。

（3）*Aus gutter Familie*, Berlin, 1895.

（4）ユングのいくつかの発言が、彼がこの内向を早発性痴呆に特徴的なものであり、他の神経症において同じように考えるには及ばないと見なしている印象を与える

まのところまだ触れてはいない。いまこそより精密に取り組まれるべきである。治療中の心理的状況について思い描いてみよう。精神神経症のあらゆる発症に必ず現れる不可欠の条件とは、ユングが適切にも「内向」[4]と名づけた過程である。つまり、リビドーの一部分のうち、意識化しうるもの、そして現実へ向けられたものが減少する。その分、現実とは違う方向に向けられた無意識的な部分、それは無意識に属しながらもいまだに主体の空想を養っている部分であるが、それが増大するのである。リビドーは（全体的にもしくは部分的に）退行に陥り、そして主体の幼児的イマーゴ[5]を復活させる。そして、分析治療はこのリビドーを追って進んでいく。すなわちそれは、リビドーを追跡し、意識できるようにし、最終的には現実に役立つものにすることを求める。分析的な探求によって隠れ家に引きこもっているリビドーを見つけると、必ずひとつの闘争が勃発する。リビドーの退行をひきおこしたあらゆる力がこの新たな状態を維持しようと、分析の仕事に対する「抵抗」として立ち上がってくる。というのも、仮にリビドーの内向あるいは退行が主体と外的世界とのある特定の関係からして――最も一般的に言えば満足の挫折によって[b]――当然のことだと見なされなかったとしたら、そしてたとえ一時的にでも目的に適ったものでなかったとしたら、そもそも内向や退行は全く起こらなかったはずだからである。しかし、こうした由来をもつ抵抗が唯一のものだというわけではなく、ましてや最も強力なものでもない。主体の人格が自由に利用できるリビドーは、常に無意識的なコンプレックス（より正確にはコンプレックスのうち無意識に属している部分[c]）のひきつける力の影響のもとにあったものであり、現実のひきつける力が弱まったために退行に陥ったのである。このリビドーを自由にするためには、無意識のこのひきつける力に打ち勝たなければならない。つまり、そのあいだに主体のうちに生じた無意識的欲動とその産物の抑圧が解除されねばなら

としても。［これはフロイトが「内向」を使用した最初の出版物だと思われる。この用語はユング（一九一〇、三八頁）によって初めて導入されたが、フロイトはおそらくユングの一九一一年（一三五―一三六）の論文（英訳では一九一六、四八七頁）に対しては批判的だろう。ユングのこの用語についてのコメントは、さらに後年の技法論文のひとつの脚注に見出されるし（一九一三c、一二五頁下部）、さらに『標準版』一四巻にあるフロイトのナルシシズムについての論文（一九一四c『標準版』一四巻七四頁）や『精神分析入門』（一九一六―一七）の講義第二三講の終り近くの一節にも見出される。フロイトは後の論文のなかでこの用語をほとんど使わなかった。］

（5）リビドーが「幼児的なコンプレックス」に再備給されたのだと言う方が容易かもしれない。だがそれは不正確

ない。このことこそ、何といっても抵抗のうちで最大の部分を生み出すものであり、それによって現実からの離反がその一過性の正当性を失った後でさえ、病気が長引くことになるのである。分析はこれらに由来する抵抗のどちらに対しても闘わねばならない。抵抗は治療の一歩一歩に付きまとう。被分析者の連想ひとつひとつ、そしてふるまいひとつひとつが抵抗を考慮せざるをえない。それらは治癒を目指す力とこれまでに述べてきたようなそれに抗う力との妥協をあらわしているのである。

もし、病因となるコンプレックスを意識にあるその表象から（これが症状という明らかな形をとるにせよ全く目立たないにせよ）無意識にあるその根源へとたどっていくと、すぐにある領域に入る。そこでは抵抗があまりに明確に感じられるので次の連想は抵抗を考慮せざるをえないし、抵抗からの要求と探求の仕事からの要求とのあいだの妥協として出現せざるをえない。経験によれば、まさにここで転移が登場する。コンプレックスの素材（コンプレックスの主題内容）のうちの何かが医師という人物に転移されるに適していれば、その転移は実現される。それは次の連想を生み出し、抵抗の徴候、たとえば停滞によってその存在を示すことになる。この経験からこう結論できるだろう。その転移観念が他の可能なあらゆる連想の前に出て意識に貫入したのは、それが抵抗をも満足させているからだ、と。こうしたできごとは分析の経過において何度となく繰り返される。私たちは何度も何度も病因となるコンプレックスに近づくのだが、そのたびに転移を起こしうるコンプレックスの一部分が最初に意識へと押し出され、この上なく頑なに防衛される(6)。

これに打ち勝てれば、コンプレックスの他の部分に打ち勝つこともさほど困難ではない。分析治療が長引けば長引くほど、そして病因の素材を歪曲するだけでは何ら病因が暴かれること

である。唯一正当な言いあらわし方は「それらのコンプレックスの無意識的な部分」だろう。――この論文のなかで扱われている主題はなみはずれて錯綜しているために、ここで述べようとしている心的過程について明快な言葉で語れるようになる以前に、まず、その解明が実際に必要とされている隣接したいくつかの問題へと乗り出したいという誘惑に駆られる。そうした問題とは、内向と退行とのあいだの線引きや、コンプレックス理論のリビドー理論への組み込みや、空想することと意識、無意識さらには現実との関係などである。私はこの論文ではこの誘惑には乗らないが、これについての言い訳は必要ないだろう。

（b）［これについては「神経症発症の諸類型」（一九一二c）『標準版』一二巻二三一頁以降の詳細な議論を見よ。］

（c）［『標準版』一二巻一〇二頁の脚注2（本書一四

を防げないということを患者がはっきりと認識すればするほど、患者は自分に最大の利益を明らかに与えてくれそうな歪曲、すなわち転移による歪曲をますます一貫して利用するようになる。こうした事情から、ついにあらゆる葛藤が転移の領域で戦い抜かれるような状況に向かうことになる。

　このように、分析治療における転移は、さしあたり常に抵抗の最強の武器として私たちに立ち現れる。そして転移の強さと執拗さは、抵抗の結果でありその表現でもあると結論づけることができよう。転移の機制が幼児期のイマーゴを保持し続けるリビドーの準備性に遡ることによって論じられるのは事実だが、治療において転移の果たす役割はその転移の抵抗との関係に分け入らないかぎり説明できない。

　いったいどのようにして転移は見事なほどに抵抗の手段に適したものになるのだろうか。その答えを得ることは難しくないと考えられるかもしれない。どんな禁止された願望的衝動もまさにその衝動に関係する人物の前で告白しなければならないとしたら、それを認めることがとりわけ難しくなるのは明らかだからである。この告白の必要性に迫られると、現実世界ではとても起こりえないような状況が生じるのである（二）。しかし、患者が感情衝動の対象を医師に一致させるとき、患者が狙っているのはまさにこれなのである。しかし、さらによく考えてみると、このような外見上の利益からは問題の解決を見出せないことがわかる。実際は逆に、情愛に満ちた献身的な依存関係が、患者の告白についてあらゆる困難を乗り越えることを助けるからである。現実の似たような場面では人々はたいていこう言う。「私はあなたの前では何も恥ずかしいことなんてありません。私はあなたに何でも話せます」。このように結局、医師への転移は告白を促進することに容易に役立ちうるはずであり、いったいなぜそれが事態をより困難に

頁の脚注5）のはじめの部分を参照のこと。］

（6）しかし、このことによって、転移抵抗のために選ばれた要素に特殊な病因的重要性があると一概に結論付ける方に導かれてはならない。ある戦闘のなかで小さな教会やひとつの農園の占拠を巡って苛烈な戦いがあるとしても、その教会が国民的聖地であるとか、その家が軍の財貨を隠匿していると仮定する必要はない。その対象の価値は単に戦術的なものであり、このひとつの戦いの中で現れるに過ぎない。［転移抵抗については『標準版』一二巻一三八頁（本書五三頁）も見よ。］

するかは明らかではない。

ここで何度も繰り返されている問いに対する答えには、さらに熟考したからといって到達できない。治療中に起こる個々の転移抵抗を検討するときに私たちが発見するものによってこそ、到達できる。結局のところ、「転移」について単純に考えているかぎり、抵抗としての転移の利用についての理解にはたどりつけないことに気がつくだろう。私たちは「陽性」転移と「陰性」転移、情愛に満ちた感情の転移と敵意に満ちた感情の転移とを区別し、医師に対する転移のこの二種を分けて取り扱うことを決断せねばならない。陽性転移はさらに、友好的もしくは情愛に満ちていて意識にのぼりうる感情の転移と、そうした感情の無意識へと延長したものの転移とに分けられる。後者について、分析はそれらが必ず性愛的源泉へと遡ることを示す。こうして私たちが発見に導かれることは、同情、友情、信頼、またその類の人生に役立つすべての情緒的関係が発生的に性愛と結びついていて、たとえ意識的な自己知覚にとっていかに純粋で非官能的であっても、純粋に性的な欲望から性目標を弱めることによって発達してきたものだということである。もともと私たちは性的対象しか知らなかった。現実生活で賞賛され尊敬されているに過ぎない人たちが、私たちの無意識にとっては依然として性的対象でありうることを精神分析は示してくれる。

よって、謎の答えはこうなる。陰性転移もしくは抑圧された性愛衝動の陽性転移である限りにおいて、医師への転移は治療に対する抵抗となりうるのである。意識化によって転移を「取り除く」場合、医師という人物から情緒的な行為のこれらふたつの構成要素のみを引き離すのである。残ったもうひとつの構成要素は意識にのぼってくる差し障りのないものであるが、それは存続し、他の治療の場合と全く同じように精神分析の成功の担い手となる。そのかぎりにおいて、精神分析の成果が暗示に基づいていることを喜んで認めよう。しかしながら、ここで暗示として理解されるべきものは、フェレンツィ（一九〇九）もそう理解しているが、ある人において可能な転移現象という手段によってその当人に影響を与えることである。私たちは暗示を用いることで患者の最終的自立を引き受ける。その目的は、彼の心的状況の永続的改善を必然的に結果としてもたらすようなひとつの心的な仕事を彼に成し遂げさせることである。

さらに問題となるのは、なぜ転移の抵抗現象が精神分析においてのみ現れるのか、なぜ無関心な治療の場（たとえば施設）では現れないのか、ということである。その答えは、やはりそれは病院でも現れる、だがそれは転移として認識せねば見えてこない、ということである。陰性転移の突出は実際には病院でも実にありふれたことである。患者は陰性転移に支配されたとたんに、病状が不変であるか再発した状態で施設を去ることになる。性愛転移は施設の中ではさほど治療を妨げるような効果はもたない。ちょうど日常生活の場合と同じように、そこではそれが暴かれることなく取り繕われるからである。ところが、この種の転移は明らかに回復への抵抗として現れる。もちろん、それは患者を施設から追い出すといったやり方によってではなく——逆に施設に引き止めてしまうのだが——患者に実人生から距離を置かせることによってである。なぜなら、回復という点から見れば、患者が施設のなかであれやこれやの不安や制止を克服したかどうかは全くどうでもよいことで、問題なのは患者が現実生活においてもそれらから自由になれるかどうかだからである。

陰性転移は詳細な検討に値するが、本論文の範囲では扱うことができない（三）。精神神経症の治癒可能な形のものにおいては、陰性転移は情愛に満ちた転移と一緒に見出され、しばしば同じ人物に同時に向けられる。ブロイラーはこの事象をあらわすのに「アンビバレンス」という

（7）ブロイラー（一九一一）の四三—四頁および三〇五—六頁。一九一〇年に『精神分析中央誌』一巻二六六頁に報告された一九一〇年のベルンにおけるアンビバレンスについての講演を参照。——シュテーケルは同じ現象に対して「双極性」という用語を提案している。［これは「アンビバレンス」という言葉に対する最初のフロイトの言及であると思われる。フロイトはときに、能動的あるいは受動的な衝動が同時に存在するということを記述するためにブロイラーとは違った意味でこの用語を使っている。『標準版』一四巻一三一頁、編者の注釈を見よ。］

（d）［対立する欲動の対については、『三つのエッセイ』（一九〇五d）、『標準版』七巻一六〇頁と一六六—七頁にてはじめてフロイトによって記述され、その後は、「欲動とその変遷」（一九一五c）、『標準版』一四巻一二七頁

絶妙な用語を作り出した(7)。ある程度まではこの種の感情のアンビバレンスは正常と思われるが、高度のそれは確かに神経症者に特有の特徴である。強迫神経症の場合は、「対立する一対」(d)の早期の分離(四)が欲動生活の特徴であり、体質的条件のひとつであるように思われる。神経症者の情緒的動向におけるアンビバレンスは、彼らの転移を抵抗へと動員する能力を最もよく説明する。パラノイア患者の場合のように、転移の能力が本質的に陰性のものに限られてしまうと、影響を与えたり治癒させたりする可能性はなくなってしまう。

こうしたさまざまの論考をもってしても、これまでのところ転移という現象の一面のみを扱ってきたに過ぎない。同じ主題の別の側面に注意を向ける必要がある。分析中の人物が一定以上の転移抵抗の支配に置かれるとすぐに医者への現実的な関係からどんなふうに放り出されるか、頭に浮かんだことは批判することなく報告せねばならないということを申し渡している精神分析の基本規則(e)を無視する自由があるとどのように彼が感じるのか、治療を開始したときの意図を彼がどのように忘れるのか、そして、つい先ほどまで自分に大きな印象を与えていた論理的議論や結論にどのように無関心になるのか、こうしたことを正確に認識する人は誰でも、こうしたことをすでに観察している人は誰でも、すでに挙げられた要因以外の要因のなかに自分の印象の説明を探し求めることが必要だと感じるだろう。そうした要因もまた遠いところで見出されるわけではない。それらはまたしても治療によって患者が置かれる心理的状況から生じるのである。

患者の意識から逃れたリビドーを探し求める過程で、私たちは無意識の領域のなかに突き進んできた。そこで得られた反応は、同時に夢の研究から知りえたいくつかの無意識の特徴を露呈する。無意識の衝動は治療が望むようには想起されることを求めない。むしろ、無意識の無

以降に記述された。強迫神経症におけるその意義については、「鼠男」のケース（一九〇九ｄ）、『標準版』一〇巻二三七頁以降に議論されている。」

（ｅ）［これは、それ以後、本質的な技法的原則の通常の記述になるものの最初の使用であると思われる。しかし、非常に似たフレーズ（「精神分析の主要規則」）がすでにフロイトがクラーク大学での第三回目の講義（一九一〇ａ）、『標準版』一一巻三三頁ですでに扱われている。このアイデア自体ははるかに前に遡られる。たとえば、『夢の解釈』（一九〇〇ａ）の第二章、『標準版』四巻一〇一頁に述べられているし、本質的に同じような用語が後述の「治療の開始について」（一九一三ｃ）、『標準版』一二巻一三四頁（本書四九頁）にある。ちなみにそこでは、その主題が長い脚注のなかで論じられているのが見出せる。」

時間性と幻覚を生み出す能力(f)にそって自らを再生産しようと努めるのである。ちょうど夢で起こることと同じように、患者は、無意識的な衝動の覚醒によってもたらされた産物を現在であり現実であるものと見なす。現実状況を考慮することなく自分の情熱を行為に移そうとする。医師は、これらの感情的衝動を治療との関連のなかに、そして患者の生活史との関連のなかに組み入れ、それらを知的な思考にゆだね、その心的価値の見地から理解するように患者に強いる。この医師と患者との、知性と本能生活との、そして理解することと行動を求めることとのあいだの格闘はほとんど転移という現象のなかでのみ繰り広げられる。勝利が勝ち取られなければならないのは、まさにこの領域においてなのである。その勝利は神経症の永続的な治癒によって表現される。転移という現象を支配することが精神分析家にとって大きな困難であることは疑いようがない。とはいえ、その転移現象こそが、患者の隠され忘れられた性愛衝動を直接的で顕在的なものにすることにはかりしれないほど役立つことを忘れてはならない。(g)なぜなら結局、**実在しない誰かや彫像になった**誰かを打ち壊すことは誰にもできないからである。

（f）［これは後の技法論文「想起すること、反復すること、ワークスルーすること」（一九一四g）一五〇頁以後で詳しく述べられている。］

（g）［『標準版』一二巻一五二頁後半（本書六九頁）にある類似の記述を参照せよ。］

監訳者注

(一) もちろん影響を受けるのは「原版」であるが、岩波版は愛情対象が受けると訳しており、GWを参照しても誤訳である。

(二) 岩波版のみ、告白の必要性が非現実状況を生むのでなく、非現実性が告白を結実させるとし、原因結果を逆転させている。

(三) 人文版は完全に誤訳していると思われる。文意が全く異なっており、岩波版、GWと一致しない。

(四)「　」内に含まれる範囲がGWとSEで違っている。GWでは人文版、岩波版のように「分離」までが含まれている。

精神分析を実践する医師への勧め（一九一二）

ここで差し出そうと思う技法上の諸規則は、他の方法を残念な結果のために放棄することになった後の、私自身の長年の経験のなかでたどりついたものである。容易に分かることだろうが、それら諸規則（少なくとも、それら諸規則の多く）は、ただひとつの指針にまとめられる〔『標準版』一二巻一一五頁（本書二六頁）を参照〕。私の希望は、分析を行う医師がそれら諸規則にしたがうことで、不要な努力の多くが省かれ、かなりの見落としをしなくてもすむことである。とはいえ、はっきり言っておかなくてはならないが、私の主張は、この技法が私の個性に適しているに過ぎないものだということである。つまり、全く異なった気質の医師が目の前の患者と課題とに対して異なった態度を取りたくなっている自分を見出したとしても、私はそれをあえて否定するつもりはない。

（a）一日にひとり以上の患者を治療している分析家が直面する最初の問題こそ、彼には最も困難だと見える。それは、何カ月そして何年にもわたる治療のなかで、それぞれの患者が持ち出す無数の名前や日付、そして詳細な記憶[一]や病理的産物をすべてこころに留め、そしてそれを同時期に治療中の、もしくは以前に治療した他の患者が示した似たような素材と混同しないようにするという課題である。分析家が毎日、六人や八人、さらにはそれ以上の患者を分析しなければならないとなれば、この課題を達成するための記憶の離れ業はこれを観察する門外漢に不信感や驚きあるいは哀れみさえ生じさせるだろう。いずれにせよ、それほど大量の素材を完全に覚えておくことのできる技法とはどのようなものか好奇心をそそられるだろうし、そのために何がしか特別な対応策が用いられていると予想するだろう。

　ところが、その技法はきわめて単純なものである。後で述べるように、その技法は特別な対応策を（メモを取ることさえも）用いることをいっさい退ける。その本質となるのは、単に何か特定のことに注意を向けることなく、耳にすることすべてに対して（私が以前に名付けたものと）[a]同様の「平等に漂う注意」[二]を維持することである。この方法によって私たちは注意への重圧を免れる。いずれにせよ注意を毎日何時間も保ち続けることはできはしない。そして私たちはまた、意図的な注意の行使につきまとう危険を回避する。というのも、自分の注意をある程度意図的に集中させると、その人はすぐに目の前の素材のなかから選択を始める。つまり、あるひとつの点がこころのなかに特別な鮮明さをもって固定され、他の点はそれに応じて無視される。そしてこうした選択をすることで、自分の期待するもの[三]や好みを追ってしまう。しかし、これこそまさに、私たちがしてはならないことである[四]。選択するときに自分の期待するものを追って行けば、自分がすでに知っていること以外には何も見出すことができないという危険に陥ることになる。また、自分の好みを追っていけば、自分が知覚しえるはずのものを確実にねじ曲げることになる。忘れてはならないのは、自分が耳にしたことの大部分はその意味が後になってからしか認識されないということである。

　すべてに等しく注意を向けるという規則が、批判や選択なく思いついたことをすべて話さなければならないという患者への要求に対する必然的な対応物であることはわかることだろう。

（a）「ここで参照されているのは「少年ハンス」（一九〇九b『標準版』一〇巻二三頁）の事例の中の一文のようであるが、そこでは言葉遣いが微妙に異なっている。今回の表現は、「二つの百科事典項目」（一九二三a『標準版』一八巻二三九頁）で再び登場する。」

もし医師が別のやり方でふるまうならば、患者が「精神分析の基本規則」[b]にしたがうことで生まれる利益の大半を投げ捨てることになる。医師に対する規則は、次のように表現することができるだろう。「自分の注意能力に対してあらゆる意識的な影響を差し控え、自分の『無意識的記憶』に完全に身をゆだねるべきである」。あるいは、純粋に技法的に表現するならばそれは、「やるべきことはただ聞くことであり、何であれ覚えているかどうかに煩わされるべきではない」と表現することができるだろう。

治療のなかで必要とされることはすべて、この方法で達成されることで十分に満たすことができる。その素材のなかのいくつかの部分がすでにひとつの関連した文脈を形成しているならば、医師はそれらを意識的に利用することができるだろう。それに対して、いまだ関連がなく混沌として無秩序な状態にある残りの素材は、はじめのうちは埋もれているように見える。しかし、その埋もれた素材と関係づけることができ、その埋もれた素材をさらに進めることのできる新たなものを患者が持ち出すやいなや、それらは即座に想起されて浮かび上がってくる。何かの詳細をちょうど一年後に再現してみせるときに患者から与えられる「すごい記憶力ですね」といった不相応な賞賛は、そういうわけで笑顔で受け取ってもいいだろうが、細部を思い出そうと意識的に決断したとしたらおそらくうまくいかなかったはずである。

唯一、この想起の過程で誤りが生じるのは、パーソナルな思惑[五]によってその人がかき乱されている場合である（〔『標準版』一二巻一一六頁（本書二八頁）〕の下部を見よ）。つまり、そのとき彼は理想的な分析家の標準を深刻なまでに下回っているのである。他の患者が持ち出した素材との混同はめったに生じない。ある特定の事柄について患者が言ったか言わないか、患者がどのように話したかということでその患者と議論になったときには、たいてい医師の方が正

（b）〔『標準版』一二巻一〇七頁の脚注2（本書一九頁の脚注e）を見よ。〕

しい。(1)

（b）分析セッションの最中に、完全な記録をとったり、走り書きのメモをしたりすることなどは勧められない。それがある患者たちには好ましくない印象を与えるということは別にしても、ここでもまた注意に関して示したことと同様の考察が当てはまる。(c) 記録をとったりメモしたりしていると、どうしても素材からの有害な選択をしてしまうことになるし、この選択に自分の精神活動の一部がかかりきりになってしまう。だが本当なら、その精神活動は耳にしたことを解釈するということに使われるべきはずだったものである。日付や夢のテクストや、容易に文脈から遊離してしまうものの事例として独立に使用することに適した特別に注目すべき事象に対しては、この規則の例外を認めても異論はあるまい。(d) しかし私は通常それすらもしないことにしている。事例に関しては、夜仕事が終わった後に記憶から書き留めている。私が重要だと考える夢のテクストに関しては、患者が夢を語った後にそれを繰り返してもらい、こころに定着できるようにしている。

（c）患者とのセッションの最中に記録をとることは、その事例の学術的研究を発表する意図によって正当化されてもよいかもしれない。原則として、このことを否定することはほとんどできない。しかしながら、分析症例の病歴の正確な報告が期待されたほどの価値がないことは、こころに留めておかなければならない。厳密に言えばそれは、**見かけ上の**正確さをもつに過ぎない。その顕著な例は「現代」精神医学が私たちに提供してくれる。概してそれは読む者を疲れさせるだけで、自分が実際に分析の場にいることのかわりになるものではない。経験上、

（1）ある事柄について、静かな優越感をもってそれは初めて出てきたと断言できるのに、患者の方では、それは以前、すでに話したと主張することがよく起こる。そこで明らかになるのは、患者は以前、そのことを話そうという意図を抱いたものの、その意図の実行が未だ存在していた抵抗によって妨げられたのだ、ということである。患者にとっては、自分の意図についての記憶とその実行についての記憶が区別できない。［フロイトはこの点について、この後すぐに、分析中におこる「すでに話した」（一九一四a）『標準版』一三巻二〇一頁という短い論文で敷衍した。］

（c）［同じ効果に対する脚注が、フロイトの「鼠男」の病歴（一九〇九d）『標準版』一〇巻一五九頁において挿入されている。］

（d）［おそらく学術的な目的のためということ。］

常に示されているのは、読者が分析家を信じる気持ちがある場合には、分析家がその素材にちょっとした加工をほどこしても信頼してくれるだろうし、逆に読者が分析や分析家のことを真剣に受け取ろうという気がなければ、彼らは治療の正確な逐語記録にさえ目もくれないだろうということである。精神分析的な報告における説得力ある証拠の欠如に対して、この方法でそれを改善することはできないようである。

（d）精神分析がその卓越性を主張できることのひとつは、疑いもなく、その実践において研究と治療が同時に行われるということである。しかしあるところから先に行くと、それらのうちの一方に必要とされる技法ともう一方に必要とされる技法が対立する。治療が未だ継続しているのに、その症例について学術的な検討を加えることは好ましくない。つまり学術的な関心の求めるままにその症例の構造の全体像を作り上げたり、その症例のさらなる進展を予見しようとしたり、現在の状況をその時々で把握したりすることはよくないことである。はじめから学術的目的のために捧げられ、その目的にしたがって治療された症例はよい結果が出ない。一方、最もうまくいくのは、言ってみれば、視野に何の目的も置かずに進んでいき、そのどんな新たな展開に対しても驚きに捕まってしまうことを自分に許し、常に何の先入観ももたずに開かれたこころで向き合う症例である。分析家にとっての正しいふるまいとは、必要に応じてひとつの心的態度からもう一方の心的態度へと揺れ動き、(六)分析中の症例については思弁や思案にふけることを避け、分析が終結した後にはじめて、得られた素材を統合的な思考過程にゆだねることにある。私たちが無意識の心理や神経症の構造について精神分析的な仕事から知識を得ることができ、すでにそれらについてのすべての知識（または少なくともその本質的な知識）を有しているのならば、このふたつの態度を区別することは無意味かもしれない。だが現在のところ、まだ私たちはその目標から遠くかけ離れており、これまでに分かったことを検証して私たちの知識をさらに広げていく可能性から自らを閉ざしてはならない。

（e）私は、精神分析治療のあいだには外科医を自らのモデルとすることを同僚に勧めるのだが、どれほどしつこく勧めても勧め過ぎることはない。外科医は自らの感情のすべて、人間的な同情でさえも脇に置いて、手術を可能なかぎり上手に行うというただひとつの目的に自らの精神力を集中する。今日の状況において精神分析家にとって最も危険な感情は、たいへん議論の的となっているこの新たな方法によって他の人々を納得させるほどの効果をもたらす何ごとかを成し遂げようとする治療的野心である。この治療的野心は分析家をその仕事にとって好ましくない精神状態にするだけでなく、患者のある種の抵抗に対して無力にしてしまう。だが、その抵抗からの回復は知ってのとおり、主として患者のなかの諸力の相互作用によっている。分析家にこのような情緒的な冷たさを要求することは、それが分析家にとっても患者にとっても最も有益な条件をもたらすということで正当化される。すなわち、医師は自分自身の情緒的生活への望ましい保護を得られ、患者は私たちが今日与えうる最大量の援助を得ることができる。古えのある外科医は「我は包帯を巻き、神が癒す **Je le pansai, Dieu le guérit**[e]」という言葉を自らのモットーとしていた。分析家もそれと似たことで満足すべきだろう。

（f）これまでに述べてきた種々の規則がどんな目的に向かって収斂していくのか、それは容易に推し測ることができる［『標準版』一二巻一一一頁（本書二一頁）を見よ］。それらはす

（e）［「私は彼の傷口に包帯を巻く。神が彼を癒す」。この格言は、フランスの外科医、アンブロワーズ・パレ（一五一七—一五九〇年頃）のものである。］

べて、患者に課せられた「精神分析の基本規則」の医師側の対応物を作り出そうともくろまれている。患者が自己観察によって感知できたことをすべて述べねばならず、そのなかからの選択を求めるすべての論理的感情的反発を差し控えなければならないのと同じように、医師もまた、解釈と隠された無意識的素材の認識という目的のために語られたすべてを利用できる態勢に自らを置き、患者が放棄した選択を自分自身の検閲で帳消しにするようなことをしてはならない。これをひとつの定式にするとこうなる。医師は伝達してくる患者の無意識に対して、自分自身の無意識を受容器官のように差し向けなければならない。電話の受話器が伝達してくるマイクに合うように調整されるように、患者に合わせて自分自身を調整しなければならない。音波が電話線のなかに生じさせた電気振動を受話器が再び音波に転換し戻すのと同じように、医師の無意識は彼に伝えられた無意識の派生物から患者の自由連想を決定してきたその無意識を再構成することができるのである。

しかし、医師が分析のなかでこのように自らの無意識をひとつの道具として用いることのできる態勢でいようとするならば、彼自らがひとつの心理的条件を高度に満たさねばならない。医師は自らの無意識によって知覚されたものを意識から引き離すようないかなる抵抗も、自らのなかに許容してはならない。もしそれができないようであれば、彼は意識的な注意の集中から生じるものよりはるかに有害な新たな種類の選択と歪曲を、分析のなかに導き入れることになるかもしれない。この心理的条件を満たすには、医師自身が概ね正常な人間であるというだけでは十分ではない。むしろ彼が精神分析的な純化をこうむり、患者の話したことの把握を妨げかねない自分自身のコンプレックスに気づいているべきだと主張してもよいだろう。医師のなかのそうした欠陥の結果、分析家として不適格だということになることは当然疑う余地がない。彼のなかの解決されていない抑圧は、シュテーケル(f)が適切にも分析的な知覚における「盲点」として記述したものをかたちづくる。

何年か前に私は、どうしたら分析家になれますかという質問に対して、「自分自身の夢を分析することによって」(g)と答えたことがある。確かに、多くに人にとってはこの準備で十分だろうが、分析を学びたいと思っているすべての人にとって十分というわけではない。また、外的援助なしに自分自身の夢を解釈することにすべての人が成功するわけではない。分析のチューリッヒ学派がこの要件にさらなる重きを置いて、他の人に分析を行おうとする者は全員、あらかじめ自分自身が専門的知識をもつ人に分析を受けるべきであるという要求へとそれを具体化したことは、彼らがもたらした多くの功績のひとつであると私は見なしている。この仕事に真剣に取り組む者はその道を選ぶべきであり、そのもたらす利益はひとつではない。病気に駆り立てられることなく他者に自分をさらけ出したことの犠牲は、十分に報われる。自分自身のこころのなかに隠されたものを知るようになるという目的が、はるかにより素早くより少ない感情的犠牲で達成できるだけではない。書物から学んだり講義に参加したりすることでは決して得られないような印象と確信とが、自分自身とのつながりにおいて得られるのである。そして最後に、被分析者とその導き手とのあいだに通常築かれる持続的な精神的接触からもたらされる利益についても過小評価すべきではない(h)。

実際上は健康な人々に対するこのような分析は、想像されるように不完全に留まることになるだろう。だが、こうして得られる自己についての知識と自己統制の増大に高い価値を認められる者なら誰も、分析が終わっても自己分析という形で自分の人格についての分析的検討を続けることだろう。そして、外的世界のなかにも自分自身の内部にも何か新しいものを常に見出

(f)［シュテーケル、一九一一a、五三二頁］

(g)［出典はクラーク大学でのフロイトの三度目の講義（一九一〇a［一九〇九］『標準版』一一巻三三頁）である。この主題に関するフロイトのさまざまな見解についての説明のいくらかは、「精神分析運動史」（一九一四d『標準版』一四巻二〇―二一頁）の編者による脚注に見ることができる。］

(h)［とはいえ、「終わりのある分析と終わりのない分析」（一九三七c）の二節で述べられている、それほど楽観的でない見解も見よ。この論文はフロイトの最晩年の著作のうちのひとつであるが、そこではこの段落および次の段落で論じられている主題についての他の多くの点にも（特に七節で）触れている。］

すことを期待できるに違いないと実感して満足を覚えるだろう。それに対し、分析家として自分が分析を受けるという用心を軽んじた者は、自分の患者からある一定以上を学ぶことができないという罰を受けるだけではない。彼はより深刻な危険を冒し、それが他の人々にとっての危険となる可能性がある。彼はおぼろげに知覚した自分自身の人格の特異性のいくつかを、普遍的な妥当性を持った理論として学問領域に投影するという誘惑に容易に陥ってしまうだろう。それによって彼は精神分析的方法の信用を傷つけ、経験の浅い者を惑わすことになろう。

（g）ではここであといくつか規則を付け加えよう。それによって医師の態度から患者の治療に移行する。

若くて熱意のある精神分析家は間違いなく、自分自身の個性を自由に話し合いのなかに持ち込んでそれによって患者を動かし、患者自身の偏狭な人格の垣根を越えて患者を引き上げたいという誘惑に駆られるだろう。患者に存在している抵抗に打ち勝つという見通しのもとに、医師が自分自身の精神的欠陥や葛藤を患者に垣間見させたり自分自身の人生について個人的情報を患者に伝えたりすることで、患者が自分自身を医者と対等な立場に置くことができるようにすることは、まったくもって正当なことで、実際に有益だと考えられるかもしれない。信頼することこそ信頼されることに値するし、他の人からの親密さを求める者は親密さをそのお返しとして与える準備ができていなければならない、というわけである。

しかし、精神分析的関係では、意識についての心理学によって私たちが予測することと異なった事態がしばしば生じる。経験はこうした類の感情的な技法を支持していない。加えてそうした技法が、精神分析的原則からの離脱を含み暗示による治療に傾くことを見て取ることは難しくない。その技法は、患者がすでに知っていながらもその技法がなければ慣習的な抵抗でなおしばらくは留め置かれていたであろうことを、より素早くより容易に患者が持ち出すことを促すだろう。しかしこの技法は、患者にとって無意識であることを明らかにすることに向けては何も達成しえない。それは、患者が自分のより深層の抵抗に打ち勝つことをいっそう不可能にしてしまうし、もっと重篤な症例では患者の満たされなさを助長するために例外なく失敗に終わってしまう。つまり患者はその状況を逆転させたくなり、自分自身の分析よりも医師の分析の方が面白いと思うようになるのである。治療の主要な課題のひとつである転移の解消も医師側の親密な態度によって難しくなるため、最初にはあったかもしれない利益も最後には不利益にはるかに凌駕されてしまうのである。それゆえ私は、この種の技法を誤りであるとして棄却するのに何らためらいはない。医師は患者にとって不透明であるべきだし、鏡のように自らに見せられたもの以外は彼に見せるべきではない。実際上は、たとえば施設で求められるように、より短い期間で目に見える成果を挙げるために精神療法家が一定量の分析に暗示的な影響力をいくらか混ぜ合わせたとしても、それを否定することができないこともまた確かである。しかし彼に対して以下のことを要求する権利はあるだろう。それは、自分がいったい何をしているのかについて明瞭な見解を持つべきだということであり、自分の方法が真の精神分析とは異なることを知っておくべきだということである。

（h）もうひとつの誘惑は教育的活動から生じる。精神分析的な治療においては、そうした教育的活動が全く意図するところなく医師の側に生じる。発達制止が解消されたときにおのずと生じてくることとして、解放された流れに新たな目標を指し示す立場に自分がいることに医師が気づくことがある。とすれば、それまで神経症から解放させようと骨を折ってきた人物を医師が特別に優れた人物にしようとしたり、その人が高い目標を望むよう指示したりしても、それは自然な野心以上のものではない（七）。しかし、ここでもまた医師は自分を抑制して、自分自身の欲望よりも患者の能力を指針とすべきである。すべての神経症者が昇華への高度な才能を持ち合わせているわけではない。そもそも、神経症者が自分の欲動を昇華する術をもっていたのなら、その多くは病気になど全くならなかったと考えてよいだろう。彼らを昇華へと向かうよう無理強いし、最も手近で都合の良い欲動満足から彼らを切り離してしまうならば、人生をいずれにせよそう感じられる以上に彼らにとって困難なものとしてしまうことになるのが通例である。医師たる者は、何より患者の弱さに寛容でなければならないし、せいぜい普通の価値しかない者に働く能力と楽しむ能力をいくらかでも取り戻させたならば、それで満足すべきである。教育的な野心は、治療的な野心と同じぐらい役に立たない。多くの人々は自分の心的組織（八）の許容範囲を超えて自らの欲動を昇華しようとするからこそ病気になるのだし、昇華の能力を持ち合わせた者においては、分析によって制止が乗り越えられるやいなや、たいてい昇華の過程がひとりでに生起するものだということは、なおいっそうこころに留めて置かなければならない。それゆえ私の意見では、欲動の昇華をもたらすために分析治療を利用しようと不断に努力することは、もちろん常に結構なことではあるが、すべての症例において当を得たものだとはとても言えない。

（ⅰ）治療において、患者の知的な協力をどの程度求めるべきだろうか。この点について、一般的に当てはまることを言うのは難しい。患者の人格がその決定要因である。しかし、何はともあれこの文脈では、用心と自制を保たねばならない。記憶を収集したり人生のある特定の時期について思いをめぐらしたりといった課題を患者に課すことは間違っている。その逆に、これは誰にとっても理解するのが難しいことではあるが、患者が何より学ばなければならないのは、何かについて思いめぐらすことや注意を集中することといった精神活動によっては神経症の謎は何ひとつ解決できないということである。つまりその解決は、無意識やその派生物に対するすべての批判の排除を命じる精神分析の規則に忍耐強くしたがうことによってのみなされる。治療中に知的な議論へと逸らすような技巧を駆使する患者や、自分の状態についてくだくだとそしてしばしばとても賢げに思案することで病気を乗り越えるためにすべきことを避けている患者に対しては、とりわけその規則の遵守について譲歩するようなことがあってはならない。そういったわけで、私は患者の手助けとして分析の著作を利用することを好まない。私は患者に対してパーソナルな経験から学ぶよう求め、それによって患者が精神分析のすべての文献から教わることのできることより幅広く価値ある知識を得るだろうと保証する。しかし、施設内といった条件のもとでは、分析中の患者の準備として、影響を与える雰囲気を作り出す手段として、読書を用いることが大いに有効でありうることは私も認める。

両親や近親者の信頼や援助を得ようとして、彼らに入門的なものであれ専門的なものであれ、精神分析の書物を読むよう手渡すことに対してはきわめて真剣に警告を与えねばならない。善意によるこうしたはからいは、たいていの場合、遅かれ早かれ生じることが避けられない治療に対する近親者たちの自然な反発を時期尚早にもたらしてしまうことになり、それによって治療を始めることさえできなくなってしまうのである。

私は、精神分析家の経験が増していくことで、まもなく技法の問題や神経症患者の効果的な治療法について合意がもたらされるだろうと期待している。家族の取り扱いに関しては、私は途方に暮れていると告白しなければならず(九)、また彼らの個別の治療については概して信を置けない。

監訳者注

(一) 岩波版では「無数の名前や日付、思い出、思いつき、病気の産物」。ＳＥではＧＷのEinfall（思いつき）に相当するものが欠落している。ストレイチーの意図は不明である。

(二) 「平等に漂う注意」という用語は定訳にしたがう。

(三) 人文版は「われわれ」を主語としている。

(四) 人文版「私たちが知ってはならないことなのである」。ＧＷにも「知る」はない。誤訳であるが、「して」を「知って」とする誤植かもしれない。

(五) 岩波版は「患者と自らが個人的にかかわりをもち」としているが、読み込み過ぎている。ＧＷはEigenbeziehungであり、参照のところをみると訓練分析に触れている。ＳＥのpersonal considerationの方が正しいと思われる。ここは分析家の内的な構えに触れていると考えるべきだろう。

(六) 人文版、岩波版ともに納得がいかない訳である。人文版は「一定の心的態度から別の心的態度に自在に飛びうつる」（傍点監訳者）としている。これは分析家が自由に漂う構えをもつべきという主張のようで、ここの文脈、学術的態度と治療的態度のあいだの揺れの文脈がとらえられていない。「自在に」に相当する単語はＧＷにはない。岩波版は一方、この文脈は維持しているが、「探求の心的態度から治療の心的態度へと」と、揺れ動きのニュアンスでなく、固定的進展のように訳している。しかしＧＷのschwingerは揺れるニュアンスがあり、両方向の可能性を示唆する。

(七) 人文版はこのセンテンスを誤訳している。教育的野心の自然さをいったん認めるという一文なのだが、そう訳していない。フロイトは、「Ａだと思うでしょ……、でもＡじゃないんだよ」という、うねるような動きの述べ方に特徴があり、この論文はとりわけその感じが強いが、人文版はここではその流れを読めていないようである。

(八) ＳＥでorganization。「心的」を補って訳出した。

（九）人文版、岩波版は家族の取り扱いでなく、家族による治療という文脈で訳している。ＧＷを読む限り、たしかにそうも読めるが、ＳＥでは individual treatment of them であり、あまりそう読めない気がするのでここではＳＥにそって訳している。

治療の開始について[a]（精神分析技法に関するさらなる勧めI）（一九一三）

格式あるチェスの腕前を書物から習得しようとしても、網羅的で体系的な説明が可能なのはその序盤と終盤だけであり、序盤に続いて展開する無限に変化しうる指し手をそのように説明することはできないとほどなく気がつくであろう。書物による学習の限界を補うためには、名人たちによって繰り広げられた対局を入念に研究するしかない。精神分析治療の実践のために定めうる規則にも同じような制約があてはまる。

これから私が試みようとしているのは、実践している分析家[一]に活用してもらうために、治療の開始におけるいくつかの規則をまとめてみることである。それらのなかには、一見取るに足りない些細なことのように思われるものもあるかもしれないし、実際その通りであろう。だが、それらが単にゲーム[二]の全体的計画との関連からその重要性をもつようなゲームの規則なのだといえば、その妥当性もある。しかし、私はこれらの規則を「提案」というにとどめ、無条件に受け入れるべきであるとしないほうがよいと考えている。ここで考えている心的布置が途方もなく多様であること、すべての心的過程が可塑的であること、そして決定因子が豊富であることは、技法のどのような機械化にも対立する。また、通常であれば正しいはずの指針が役に立たないことがある一方で、普通なら間違っている指針がたまには望ましい結果につながること

（a）［初版においてのみ、この場所に次のような脚注がある。「『精神分析中央誌』第二巻の第三号、第四号、第九号に発表された一連の論文（「精神分析における夢解釈の取り扱い」、「転移の力動」、「精神分析を行う医師への勧め」）に続くものである」。］

も生じる。とはいえ、こうした状況があることが、医師にとって通常効果的である手順を定めることの邪魔にはならないだろう。

患者が治療に適しているかどうかを判断するための最も重要な基準については、数年前に述べたので[(1)]ここでは繰り返さない。この間、これらの基準は他の精神分析家たちからも賛同を得ている。ただ、これに付け加えておくことがある。その当時以来、患者についてほとんどわかってない場合、私は当初暫定的に一、二週間引き受けてみることを習慣にしてきた。中断がこの期間内ならば、治癒の試みが失敗したというみじめな印象を患者に与えなくてもすむからである。症例について理解し、精神分析に適しているかどうかを決定するために「探りを入れている」だけなのである。この手順以外の予備的な査定の方法はない。通常の診察において長々と話し合ったり質問をしたりしても、このやり方の代わりにはならないだろう。とはいえこの予備的な査定自体が精神分析の開始であって、その規則を順守しなくてはならない。この段階で特徴的なことはおそらく、主として患者に話をさせて、分析家は患者に話を続けさせるのに絶対に必要なこと以外は説明を与えないという点である。

治療の開始時に一週間から二週間のこの種の試行期間を設けるのには、診断上の理由もある。しばしば起こることは、ヒステリー症状または強迫症状を伴った神経症でそのあらわれ方も目立ったものではなく発症して間もないもの、つまり分析治療を施すのに適していると見なしたくなるような型の症例と出会った場合にも、その症例がいわゆる早発性痴呆（ブロイラーの用語では「統合失調症」、私の提案した用語によれば「パラフレニー」[(b)]）の前駆期に当たっていて、遅かれ早かれこの疾患の明らかな病像を呈するようになる可能性を考慮に入れる必要があると

（1）「精神療法について」（一九〇五a）

（b）［「自伝的に記述されたパラノイアの一症例に関する精神分析学的考察」の注（『標準版』一二巻の七六頁の注1）を見よ。］

いうことである。私は、これを区別するのが常に簡単であるとは同意しがたい。(三) 鑑別診断において迷うことの少ない精神科医たちがいることは知っているが、私が確信するのは、彼らがその分しばしば間違いを犯しているということである。さらに言うと、診断を誤ることは、いわゆる臨床精神科医にとってよりも精神分析家にとっての方がはるかに重大である。それというのも、どちらの場合であれ、精神科医は役に立つことは何もしようとしていないからである。彼らはただ理論的な誤りを犯す危険に陥るだけであって、その診断は学問的な興味を満たすに過ぎない。しかしながら、精神分析家の方は、その症例が不適当であれば実践上の失敗を犯すことになる。彼は無駄になった労力に対して責任をとらねばならないだけでなく、自らの治療法の信用を失うことになるのである。患者の苦しみがヒステリーや強迫神経症ではなくパラフレニーによるものである場合、精神分析家は治癒という約束を果たすことはできない。それゆえ、診断上の誤りを避けようとする切実な動機をもっている。数週間の試験的な治療のあいだに、分析家はこれ以上治療を続けない方がいいと決定するに足る疑わしい徴候にしばしば気づく。だが残念なことに、こうした試みによって常に確実な決定が下せるとは断言できない。これは、そうするに越したことはないというひとつの予防策に過ぎない。(2)

分析治療を開始する前に長い予備的な面談を行うこと、異なった種類の治療を以前受けていること、医師と分析を受ける患者のあいだに以前から面識があることは、(四) 分析家があらかじめ準備しておかなければならない特殊な不利益な結果をもたらす。こういったことがあると、患者はすでにできあがった転移性の態度で医師と向き合うことになる。そして、医師の方は当初からの転移の成長と発展を観察する機会をもつかわりに、できあがってしまった転移性の態度

(2) 診断のこうした不確実さ、軽いパラフレニーの分析がうまくいく可能性、このふたつの疾患のあいだの類似性についての論拠といったことについては、言わねばならないことは多いが、ここでの文脈においてはこの主題を繰り広げることはできない。私は、ユングの先例にならって、ヒステリーと強迫神経症を「転移神経症」とし、パラフレニー的疾患を「内向神経症」として対比することにしたい。ただし、それは、ここでの「内向」という言葉の使い方が、その唯一の正当な意味である（リビドーの）「内向」という概念を損ねないかぎりにおいてである。［「転移の力動」の注（『標準版』一二巻一〇二頁の脚注1、本書一三頁の脚注4）参照。］

をまずはゆっくりと明らかにしていかなければならなくなるのである。このようにして、患者は一時的に私たちに先んじることになるが、治療のなかでこういうことは避けるに越したことはない。

　患者になることを期待される人が治療を始めるのを先延ばししてほしいと望んだときは、すべからく信用してはならない。経験の教えるところによれば、治療の開始を遅らせる理由（すなわち彼らの意図の合理化）が初心の分析家にとって疑いの余地がないものであったとしても、そういった患者[五]は約束のときが来ても姿を現さないからである。

　特に難しいのは、分析家と彼の新しい患者、あるいはその家族とのあいだに友人関係、ないしはお互いに社交的つながりがある場合である。友人からその妻や子どもを治療してほしいと頼まれた場合、精神分析家はその治療結果がどうなろうとも友情を犠牲にすることになるだろう、と覚悟していなければならない。それでも、かわりに信頼に足る分析家を見つけることができないときには、あえてこの犠牲を引き受けざるをえないのである。

　専門家ではない一般の人たちであれ医師であれ、いまだに精神分析を暗示療法と混同しがちな人たちは、患者がこの新しい治療法に対して抱いている期待こそ大きな重要性をもつと考えがちである。彼らはしばしばこんなふうに考える。この患者は精神分析をとても信頼しており、その真実性と有効性を確信しているのだから、治療にはさほど手がかからないだろう。一方、別の患者の場合には精神分析に懐疑的な見通しをもち、身をもってうまくいった成果を体験しないかぎり何ひとつ信じようとしないのだから、間違いなく治療はより難航するだろう、と。しかし実際のところは、患者側のこうした態度はあまり大きな意味をもたない。患者が治療のはじめに示す信頼や不信など、神経症を確固としてそのまま保持しようとする内的抵抗に比べれば、ほとんど取るに足らない。患者が幸いにも信頼してくれれば、治療開始直後の彼との関係はとても居心地のよいものになるには違いない。私たちはそのことに感謝はするが、彼の好意的な先入観は分析で生じる最初の困難によって粉砕されるだろう、と彼に警告する。懐疑的な患者に対して私たちは、分析に信頼は必要ない、好きなだけ批判的かつ懐疑的であってよい、ものごとに信頼できる判断を下せる立場に彼がいない以上、彼の態度を彼の判断の結果だとは見なさないと言う。さらに、彼の不信は他の症状と同じくひとつの症状に過ぎず、治療の規則が要請することを誠実に遂行するなら何の妨げにもならないとも言う。

神経症の本質がどのようなものかをよくわきまえている人なら驚くまでもないだろうが、他人に対してどんなにうまく分析を行うことができる人でさえも自身が分析的探求の対象になったとたんに普通の人間と同じようにふるまい、非常に強い抵抗を生み出すことがありうる。こうしたことが起こるにつけ、私たちはこころにおける深さという次元をまたしても思い知らされる。そして、神経症というものが分析についての知的な理解が到達していないこころの層に根ざしていることを知ることは、驚くにあたらない。

分析の開始にあたって重要な点は、**時間**と**料金**に関する取り決めである。

時間に関しては、私は一定の時間を賃貸するという原則を厳格に守っている。どの患者も、私が仕事に充てている日の特定の時間を割り当てられる。この時間は患者のものであり、彼にはそれに対する責任がある。たとえ、彼がその時間を利用しなかったとしてもである。このような取り決めは、良識のある人々のあいだでは音楽や語学の教師に対しては当然のこととされているが、医師においては、厳格に過ぎるとか専門性にふさわしくないとさえ思われるかもしれない。患者が毎日同じ時間にやってくることを妨げられるのは多くの偶然が重なったことによると見なされやすいし、長期にわたる分析治療の経過中に併発する多くの病気に対して斟酌されてしかるべきだとも考えられよう。しかし、私の答えは、他のやり方は実践不可能だということである。厳格でない取り扱い方のもとでは、「偶然の」欠席はあまりに増加し、医師は自分の物質的生存を脅かされることに気づくであろう。一方、この取り決めを固く守れていれば、偶然の妨げなどは全く起こらないし、経過中に併発する病気もきわめてまれであることがわかる。分析家が料金を支払われながら暇な時間を楽しむような状況はめったに生じない。そんな時間など彼にとっては恥ずかしいものであろう。彼は中断なく仕事を続けられるし、その仕事が内容においてとりわけ重要で豊かになってきそうなときにかぎってこちらの落度もないのに休止が生じるという、不快で困惑してしまうような体験を避けることができる。人間の日常生活における心因的要因の重要性、仮病の頻繁さ、偶然など存在しないことといったことは、時間ごとに賃貸するという厳密な原則にそって精神分析を数年実践してみてはじめて、十分に納得することができる。患者が出席に乗り気であるだけでは結局のところ除去できない、疑う余地のない器質疾患の場合には、私は治療を中止し、空いた時間を他に充てる権利があると考え、患者が回復して私の方も別の時間が空いたらすぐにもう一度患者を引き受ける。

　私は日曜と祝日を除いて、毎日患者と仕事をする。つまり、通常週に六日である。軽症の場合やすでによい方向に進んでいる治療を継続する場合には、週に三回で十分であろう。これ以上の時間[六]の切り詰めは、医師にも患者にもなんら利益をもたらさない。特に治療開始時にはそのようなことは全く問題外である。少しの中断であっても、仕事の効果をいくぶんかぼやけたものにしてしまう。日曜一日の休みの後治療を再開するとき[七]、私たちはよく「月曜のかさぶた」について冗談めかして話したものだった。分析の仕事の時間の頻度がより少ないと[八]、患者の現実生活についていけず、治療が現在との接触を失って脇道にそれるという危険が生じる。ときおり、一日一時間という平均よりも多くの時間を割かなければならない患者に遭遇することもある。彼らがともかくもこころを開き何かを伝え始めるまでに、一時間の大半が過ぎ去ってしまうからである。

患者が最初に持ち出す、医師にとって気の重い質問は、「治療はどれくらいかかるでしょうか。私の苦しみを取り除くのにどのくらいの時間が必要ですか」というものである。数週間の試験的な治療を提案しておけば、その期間の終わりにより確かな見解を伝えられると約束することで、この質問に直接答えることを避けることができる。その答えは、イソップの寓話のなかで旅人に対して哲学者が答えたものと似ている。旅人が道のりの長さを訪ねた際、哲学者はただ「歩きなさい」とだけ答えた。そして後になって、彼の一見役に立たない答えには、旅にどれだけの時間を要するのかを知るには旅人の歩幅を知らなければならないという考えがあったのだと説明した[c]。この急場しのぎの方法で最初の困難は切り抜けられる。しかし、この喩えは適切なものではない。なぜなら、神経症者は自分の歩調を容易に変化させるし、ときには非常にゆっくりとしか進まないこともあるからである。実際のところ、治療にどのくらいかかる可能性があるかという質問にはほとんど回答不能である。

患者のものわかりの悪さと医師の側の不誠実があいまって、分析は際限のない要求を、それも最短時間で満たすことを期待されてしまう[九]。例としてひとつ、数日前に届いたロシアの婦人の手紙からその細部を紹介しよう。彼女は五三歳[d]であるが、二三年も前から病気で、この一〇

(c)［この文章は、文意を明確にするため、翻訳においていくぶん加筆した。］

(d)［一九二五年以前の版ではこれは三三と読める。］

年間は継続的に仕事をすることができなくなってしまっている。「いくつもの神経科施設における治療」によっても、彼女は「活動的な生活」を送れるようにはならなかった。彼女は精神分析の書物を読み、精神分析によって病気を完全に治したいと思った。しかし、彼女の治療のためにすでに家族は多額の出費をしていたため、彼女は六週間ないしは二カ月以上ウィーンに滞在することはできないのであった。さらに困ったことに、彼女は最初から筆記のみで自分のことを「説明」したいと望んでいた。なぜなら、自身のコンプレックスについて少しでも話し合うと、感情を爆発させたり「一時的に話せなくな」ったりするだろうからであった。重いテーブルを軽い腰掛のように二本の指で持ち上げようだとか、大きな家を掘立て小屋でも建てるような短時間で建てたいだとかいったことを期待する人はいないであろう。しかし、ひとたび神経症のことになると、それは今のところまだ人々の思考のなかに正当な位置を見出していないとみえて、知性ある人々でさえ、時間と仕事と成果のあいだに必然的な均衡が見出されるはずだということを忘れてしまう。言ってみれば、これは神経症の病因について人々がどうしようもなく無知であることの当然の帰結である。こうした無知ゆえに、神経症は一種の「異国から来た娘(e)」のように見なされている。「彼女がどこから来たのか誰も知らなかった」ために、いずれ姿を消してしまうだろうと期待されていたのである。

　医師の側もこうした実現しそうにもない希望を助長する。医師のなかで学識のある者でさえ、しばしば神経症的障碍の深刻さを正当に評価しそこなう。私の友人であり同僚でもある人物は、数十年にわたって精神分析とは異なる原理に基づいた科学的な研究を続けた後に、立場を改めて精神分析の価値を認めるようになった。私はそのことで彼を高く評価しているが、彼はあるとき私に手紙で「必要なのは、強迫神経症に対する短期間の手軽な外来治療である」と書いて

（e）［シラーの詩「異国の娘」への言及］

きた。私にはそういう治療を彼に提示することはできなかったし、恥じ入るばかりであったので、こう言って弁解を試みた。結核や癌を、短期で手軽に外来治療できたら、内科疾患の専門医も大いに満足することでしょう、と。

もっとはっきり言えば、精神分析はつねに、患者が期待しているよりも長い、半年あるいはまる何年間かといった長い期間の問題である。したがって、患者が治療を受けることを最終的に決意する前に、このことを患者に伝えることは私たちの義務である。最初から患者を怖がらせないようにしながらも、分析治療の引き起こす困難や犠牲に注意を向けさせ、そうすることで患者がその規模や影響について実感できないまま治療に誘い込まれたと後になって言い出す権利を奪っておくことは、まったくもって公明正大で適切である、と私は考える。このような説明によって思いとどまるような患者を治療しても、後になって治療には適していなかったことが明らかになるだけだろう（一〇）。治療を始める前に、こういった選別がなされることはよいことである。患者たちのあいだに理解が進めば、この最初の関門を越える者の数も増えてゆく。

私は、一定の期間は治療を続けるようにと患者を縛ることはしない。どの患者にも好きなときに中断を許す。しかし、わずかにしか仕事をしないまま中断してしまえば、治療の成果を挙げることはできないし、手術を途中でやめたように不満足な状態にしてしまうことがよくあることを彼に隠しはしない。精神分析の実践を始めたばかりの何年間か、私は患者に分析を続けるよう説得することにきわめて難儀したものである。しかしこの困難はずっと昔に変わってしまい、今ではむしろ分析をやめるように説得するのに骨を折らねばならない。

分析治療の期間を短くしたいという願いは正当なものであり、後でも触れるが、その実現はさまざまな方向から試みられている。残念ながら、これを阻む大きな要因がある。それはつまり、人間のこころのなか深く進行する変化の達成の緩慢さであり、つきつめれば疑いなく無意識的過程の「無時間性」(f)ということになる。患者は分析のために必要な多くの時間を費やすとの困難に直面すると、そこから逃げようとする方法をなんとか提案してくることがまれではない。患者は自分の病気を分割し、あるものは耐えがたく別のものは副次的であると述べ、「この症状(たとえば頭痛や特定の不安)を取り除いてさえいただければ、他のことは日常生活で自分で何とかしていきます」と言う。しかしながら、このように言うとき、彼らは分析の選択能力を過大評価している。分析家はたしかに多くのことをなしうるが、どんな結果をもたらすかをあらかじめ正確に決定することはできない。彼はひとつの過程、存在する抑圧を解消する過程を始動させる。彼はこの過程に目を光らせ、それを促進し、途中にある障碍物を取り除くことができる。そして疑いもなく、その過程の大半を損なうこともありうる。しかし、全体としては、この過程はいったん動き出すとそれ自身の道を行くのであり、それが進んでいく方向もたどっていく順序も規定されることを許さないのである。分析家が病気の症状に対してもちうる力は、男性の性的能力のようなものである。男性が子どもをひとり丸ごと作ることができるのは確かである。だが、どんなにその能力が強い男性といえども、女性の胎内に頭だけ、腕だけ、足だけを作り出すことはできない。それどころか、子どもの性を決定することさえできはしない。男性もまた、遠い過去のできごとによって決定づけられた高度に複雑な過程、母体からの子どもの分離に終わるその過程を、ただ始動させるにすぎない。神経症も同様に、ひとつの有機体という性質を有している。その構成要素となるさまざまなあらわれは相互に独立しておらず、互いに条件づけ合い、支え合っている。患者はひとつの神経症に苦しんでいるだけであり、一個人のなかにたまたま集まる複数の神経症に苦しんでいるわけではない。望み通

(f)[「無意識」(一九一五e)『標準版』一四巻一八七頁と脚注を参照。]

りにあるひとつの耐え難い症状から解放された患者が、それまで取るに足らないと思っていた症状が増強して耐えがたくなったことに気づくことは容易にありうる。治療の成功を暗示の働き（すなわち転移）に負うことをできるだけ少なくしようと望む分析家は、治療の結果に対して選択的に影響を与えることが可能であったとしても、ほんのわずかたりともそのような手段を用いることは控える方がよいであろう。彼にとってもっとも好ましい患者は、手に入れられるかぎりの完全な健康を求めてきて、回復の過程に必要な時間をたっぷりと自由に使わせてくれるような人物であるということになる。もちろん、このような望ましい条件は少数の事例においてしか見出せない。

治療の開始にあたって決定しておかなければならない次の点は、金銭、すなわち医師が受け取る報酬についてである。金銭が何よりもまず自己保存と力の獲得の手段であると見なされるべきだということには、分析家も異論はない。しかし、それに加えて、金銭の価値には強力な性的要因が含まれていることを分析家は主張する。文明人にとって、金銭に関することが性的事柄と同じようなやり方で扱われることが指摘できるであろう。矛盾していたり上品ぶっていたり偽善的であったりというやり方である。それゆえ、分析家は、そのような態度に陥らないことを最初から決意している。患者との交渉においては、性生活に関わる事柄について患者を教育しようと望んでいる当然のことのような率直さでもって金銭に関わる事柄を扱うのである。彼は、自分に自分が値づけした価格を進んで患者に伝えることによって、こうした問題に対する誤った羞恥心にとらわれていないことを示す。さらに、普通の良識が命ずるのは、多額のお金を一度に支払ってもらうのではなく、短い期間ごと（たとえば一カ月ごと）に支払うよう求めることである（よく知られているように、非常に低い料金を請求すると、患者から見た治療の価値は高まらない）。もちろんこれはヨーロッパ社会において神経科医や内科医が通常行っている実践とは違う。しかし、精神分析家は外科医と同じような立場に自身を置いてもいいだろう。外科医は率直であって報酬が高い。なぜなら彼には有益で自分の自由になる治療手段があるからである。私からすると、自分の現実的な要求や必要性をはっきり示す方が、今でも内科医のあいだでよく見られるように無私無欲な慈善家を演じるよりも、尊敬に値するし倫理的な反論の余地も少ないように思う。そのような慈善家の立場を満たすことなど実際にはできないし、結果として、患者の示す思慮のなさや搾取への欲望に対してひそかに嘆いたり、声高に罵ったりすることになるだろう。料金を定める際に分析家は、どんなに一生懸命働いても他の専門医と同じくらい稼ぐことはできないという事実も見越しておかなければならない。

これと同じ理由で、分析家は無報酬で治療を行うことを控えるべきであり、たとえ同僚やその家族のためでも例外としてはならない。この最後の助言は、専門家どうしのよしみにはずれるものと思われるかもしれない。しかしながら思い起こすべきことは、一件の無料治療が、他の医療者以上に精神分析家にとって大きなものを意味することである。それは、稼ぎを得るために使える労働時間の相当な部分（おそらく八分の一もしくは七分の一）を、何か月にもわたって犠牲にしなければならないことを意味する。もうひとつの無料治療が同時に加われば、収入の四分の一ないし三分の一を奪われてしまうことになり、これは深刻な事故によって受けるダメージに匹敵するものであろう。

そのとき生ずる問題は、患者が得る利益が医師の払う犠牲にある程度見合うものではないかどうかである。この問題には私があえて判断を下してもよいであろう。それというのも、神経症に関しての自分なりの道を見出すためにできるだけ抵抗に直面しないで仕事をしたかったので、約一〇年にわたって私は一日一時間か二時間を無料治療に割いていたからである。しかし、このやり方によって私が求めていた成果は得ることができなかった。無料治療は神経症者の抵抗を著しく高めることがある。たとえば、若い女性の場合には転移関係につきものの誘惑が強まるし、若い男性の場合には感謝しなければならないと感じることへの反抗は強まる。その反抗は父親コンプレックスに由来し、医師の援助を受け取ることに対する最もやっかいな障碍(二一)のひとつとなる。医師に支払いをすることで得られるつり合いをとる効果が欠けること自体、非常に苦痛に感じることをもたらす。関係がまるごと現実世界から遊離し、治療を終わらせようと努力する強い動機を患者から奪う。

金銭を忌まわしいものとする禁欲的な見方から遠く離れても、分析治療が外的および内的な理由のために貧しい人々に手が届かないものであることは残念に思われるであろう。これについてはほとんど打つ手がない。おそらく、必要上過酷な労働生活を強いられている人は神経症にかかりにくいという広く浸透した考えには、真実が含まれている。しかし一方で、経験が疑いなく示しているように、貧しい人がいったん神経症を作り出すと彼がそれを手放すのは容易でない。貧しい人にとって生存(二二)のための闘争において、神経症はあまりに好都合すぎる。それがもたらす二次疾病利得(g)の意義はあまりにも大きい。彼は神経症という当然の権限によって、自身の経済的困窮に対して世界が拒んできた同情を要求する。そして、労働によって貧困と闘う義務を今や自ら免除することができるのである。それゆえ、心理療法によって貧しい人の神経症の治療に当たろうとすれば誰しも、ここで求められているのが全く異なった種類の実際的治療であることに気がつく。すなわち、わが国の言い伝えによれば、皇帝ヨーゼフ二世によっ

(g)［「二次疾病利得」の着想は、すでにヒステリー発作についての論文（一九〇九a）のB節に出現するが、実際にこの言葉が使われたのは、ここが初めてのようである。さらに詳しい議論については、「ドラ」の症例報告（一九〇五e）『標準版』七巻四三頁に、フロイトが一九二三年に追加した脚注を見よ。］

て施されていたという類のものである。もちろん、ときには自らに何の非もなく困窮している立派な人物に遭遇する。彼らの場合は無料治療を行っても先に述べたような障碍にはぶつからず、素晴らしい結果につながることもある。

中産階層を考えるかぎりでは、精神分析にかかる費用は見かけ上法外であるに過ぎない。一方で健康と仕事の能力の回復、他方でほどほどの経済的負担のあいだの両立が不可能であるという事実はさておき、いつ終わるともしれないサナトリウムの費用と治療費を足し合わせて、成功裏に完結した分析の結果として得られる仕事の能力と稼ぐ能力の増大と比較するとき、患者がよい買物をしたと言うことは許されるであろう。人生において、病気——そして愚かさほど金のかかるものはない。

分析治療の開始についての注意をしめくくる前に、治療が行われる際の位置取りに関する、ある種の作法についてひとこと言っておかなければならない。私は、患者を寝椅子に寝かせ自分がその背後の患者から見えないところに座るというやり方を固く守っている。この配置には歴史的な根拠がある。それは、精神分析がそこから進展してきた催眠治療の名残りである。しかし、これは多くの理由で維持されるに値する。ひとつめはパーソナルな動機であるが、他にも私と共通の考えの人もいるだろう。私は、一日に八時間（あるいはそれ以上）他人に見つめられることに耐えられない。また、患者に耳を傾けているあいだ、私は自分の無意識的思考の流れに身をゆだねているから、私の顔の表情が患者にとっていろいろな解釈の素材となったり、彼の語ることに影響を与えたりすることを私は望まない。患者はたいていこの位置取りを取らされることを苦痛と見なして、それに反発してくる。特に、見る欲動（窃視症）が患者の神経症に重要な役割を果たしている場合はそうである。しかしながら、私はこの手続きに固執する。なぜなら、それは目的としても結果においても、転移と患者の連想が知らないうちに混ざり合うことを防ぎ、転移を隔離してそれが抵抗としてしかるべき道筋でくっきりと姿を現すことを可能とするからである。私は多くの分析家がこれと違うやり方で仕事をしていることを知っている。だが私にはそうした偏りが違ったようにやりたくて仕方ないからなのか、そのやり方によって見出す何らかの利点(一三)によるものなのかわからない［下記の『標準版』一二巻一三九頁(本書五五頁)も見よ］。

さて、治療の諸条件が以上述べたように規定されると、どの部分からどんな素材から治療を始めればいいのか(一四)という疑問が持ち上がってくる。

どの素材から治療を始めるか——患者の生活史からか、病歴からか、子どもの頃の記憶からか、といったことは、総じてどうでもよいことである。しかし、とにかく患者に話をすることをまかせねばならないし、どこから始めるかという選択については自由でなくてはならない。それゆえ私たちは、「私があなたに何かを言うためには、あなたのことをいろいろと知っていなければなりません。ですから、あなたがご自身について知っていることを話して(一五)お聞かせください」と伝える。

だが、患者が守らなければならない精神分析技法の基本規則(h)に関しては例外である。この基本規則については、そもそも最初の時点で患者に伝えておかなければならない。「始める前にもうひとつお伝えすることがあります。私にお話しいただく際に普通の会話とは違ったふうにしていただきたい点がひとつあるのです。普通であれば、あなたの発言に一貫している話の筋

(h)［「転移の力動」『標準版』一二巻一〇七頁の脚注2(本書一九頁の脚注e)を見よ。］

道を維持しようとなさるのは当然で、湧き起こってくる邪魔な考えや脇道にそれた話題をはねのけて、要点からあまり遠くにさまよい出ない[一六]ようになさっていることでしょう。けれども、ここではそれとは違ったように進めなければなりません。お気づきになると思いますが、話をしているうちに批判や反論の気持ちによって脇に押しやってしまいたくなるようないろいろな考えが浮かんできます。すると、こんなことやあんなことはここで話すにはふさわしくないとか、取るに足りないとか、ナンセンスだとかということで、ここで話す必要などはない、とこころのなかで言いたくなるかもしれません。しかしながら、けっしてこうした批判に屈してはいけません。その批判にもかかわらず、それを言わなければなりません。むしろ、言うことに嫌気を感じるからこそ、あなたはそれを言わなければならないのです。私がこういった指図をする理由をあなたは後になって気づき、よくおわかりになることでしょう。そして、あなたがしたがわなければならないのは本当にこれだけなのです。ですから、頭に浮かんだことは何でもお話しください。たとえば、あなたが列車の窓際に座る旅行者だとして、車両の内部の人に窓から見える移り変わる景色を描写して聞かせるようにしてみてください。最後に、絶対的に正直であるというお約束を忘れないでください。何やかやの理由でそれを話すのが不快だからといって、何かを省いてしまわないでください」[3]。

自分が病気になったのがいつからかをはっきりと覚えている患者は、たいてい病気のきっかけとなった原因に集中する。一方、自分の神経症と子どもの頃のこととのつながりを自分で認識[一七]している患者は、全体の生活史の話から始めることがしばしばである。だが、体系的な語りが期待されてはならないし、そのような語りを促そうと何かがなされるべきでもない。話の細部のすべては必ず後で新たに語り直されることになるし、このような繰り返しを通してこそ、

(3) 精神分析の基本規則にまつわる経験については、いろいろと言わなければならないことがある。自分でこの規則を作ったかのようにふるまう者に出会うこともある。他方では、最初からこの規則にそむく者もいる。治療の最初の段階で、この規則をはっきりと伝えておくことは不可欠であり、また有益でもある。しばらくすると、抵抗の優位のもとでこの規則への服従は弱まっていき、患者がそれを無視するようになるときがどの分析にもやってくる。ある種の考えを拒否しようとする批判的判断によって持ち出される言い訳に屈したくなる誘惑が、どれほど抵抗し難いものであるかを、私たちは自分自身の自己分析から思い起こすべきである。基本規則を伝えることで患者となされる、そのような同意の効果がどれほど小さいものであるかは、第三者についてのプライベートな事柄が患者に最初に

患者が知らなかった重要なつながりをもたらす付加的な素材が現れてくるのである。

初回から何を伝えるかを注意深く準備してくる患者がいる。表向きには、治療に捧げる時間をより活用できると思ってのことである。だが、このように熱心さを装うことは抵抗である。この種の準備はやめるように促されるべきである。なぜなら、それは歓迎できない考えが生じるのを抑えるために行われるに過ぎないからである(4)。患者がどれほど真剣に自分の素晴らしい意図を確信していようとも、抵抗はこの準備という意図的方法に一役買い、最も価値のある素材が伝達されることを免れるように仕組んでいるのである。すぐに気がつくことだろうが、患者は必要なことが治療のなかに出ないですむような方法を他にも考え出す。毎日、誰か親しい友人と治療のことについて話をし、そのおしゃべりのなかで、医師を前にしたときに浮かんでくるべき考えをあらかた持ち出すというようなこともあるだろう。こうして治療には漏れ口ができ(一八)、そこからまさに最も価値のあるものが流れ出てしまう。こうしたことが生じた場合あまり遅くならないうちに、分析は自分と医師とのあいだの事柄として扱わねばならず、いかに自分と親しかろうと詮索好きであろうと分析の情報を共有することからどんな人も排除しなければならない、と忠告すべきである(一九)。治療のより後の段階になれば、患者は通常この種の誘惑には屈しなくなる。

なかには、治療を受けていることを秘密にしたがる患者もいる。神経症にかかっていることを秘密にしておきたいためにそうすることがしばしばなのだが、私は彼らがそうすることを妨げない(二〇)。その結果として、世間はいくつかの最もうまくいった治癒例を知らないことになるのだが、もちろんそんなことはたいした問題ではない。患者の秘密にしておこうという決定がすでに、秘密にされた彼の生活歴のひとつの特徴を露わにしていることは明白である。

思い浮かんだときに、必ず示される。彼は、すべてを話すことになっていることは知っているが、他人に対する配慮を新たな障碍に変えてしまう。「本当に何もかも話さなければいけませんか？ それは、私自身に関することだけだと思っていました」というわけである。患者と他の人物との関係や、他の人物についての患者の考えを除外すれば、分析を行うことができないのは当然である。オムレツをつくるには卵を割らねばならない *Pour faire une omelette il faut casser des oeufs*。他人のそういった私的な事柄で、自分にとってさほど重要と思われないことについては、すぐに忘れるというのが、高潔な人間である。それからまた、人の名前に関しても、例外とすることはできない。さもないと、患者の話は、ゲーテの戯曲『庶出の公女』の場面のように、影のようなはっきりしないものとなってしまい、医治療の開始時に患者に対して、治療のことはできるだけ他の人に話をしないようにと伝えることによっても、私たちは患者を分析から離れさせようと誘う数々の敵対的な影響からある程度彼を保護する。そのような影響は、治療のはじめにおいてはとても有害なものになりかねない。とはいえ後になれば、それはたいていどうでもよいものとなる。あるいは、姿を隠そうとする抵抗を前面に押し出すのに役立つことすらある。

分析の経過のなかで、患者が一時的に内科ないし専門的な他の治療を必要とするようになった場合、分析家でない同僚医師に依頼する方が自分でこの別の治療を施すよりもはるかに賢明である(i)。強力な器質的基礎をもつ神経症的障碍に対する複合的な治療は、ほとんどいつも不可能だからである。患者は健康に導かれる道がひとつではないことを示されるやいなや、関心を分析から撤退させる。一番いいのは、身体治療を心的治療が終わるまで先延ばしにすることである。体の治療の方を先にしてしまうと、たいていの場合成功に出会うことはないだろう。

治療の開始に話を戻そう。自分の生活史と病歴の全領域から何も選び出されないまま手つかずであるのに、言うべきことを何も思いつかないと断言することで治療を始める患者にときおり出くわす(j)。何を話すかを私たちが指示するべきだという患者の要求は、この最初の機会にも、もっと後の機会になっても受け入れてはならない。私たちがしなければならないのは、ここに含まれているのが何なのかをこころに留めておくことである(二二)。この場合、神経症を守ろうとして強い抵抗が前面に出てきているのである。そこで私たちは直ちにその挑戦を受けて立ち、抵抗と格闘しなければならない。はじめから何も思い浮かばないなどということはありえないし、問題になっているのは分析に対する抵抗なのだということを力強く繰り返し患者に確言すると、

師の記憶に残らなくなってしまう。さらに、実名を伏せられてしまうと、あらゆる重要なつながりへの道筋が遮断されることもある。しかし、患者が医師および分析のやり方にもっとなじむまで、実名を棚上げしておくことぐらいは許されるかもしれない。とはいえ、一カ所でも言わないままにするのを許すならば、課題の全体がどれほど不可能なものになるかは注目に値する。町のなかのどこかあるひとつの場所を逮捕されることのない場所として認めてしまった場合、何が起こるかということをよく考えてみるだけでいいだろう。町中のならず者たちが集まってくるまでにどれほどの時間がかかるだろうか。私はかつてひとりの政府高官を治療したことがあったが、彼にはその就任宣誓によって、国家機密としてある事柄を漏らしてはならないという守秘義務があり、この制約の結果、分析は失敗に終わってしまっ

ほどなく患者はこちらが予想していた通りの告白をしたり、そのコンプレックスの最初の一端を明らかにしたりせざるをえなくなる。患者が分析の基本規則の説明を聞いているうちに、それでもやはりあれやこれについて自分のなかにとどめておきたいという留保の気持ちが生じてきたと打ち明けずにいられないようであったら、悪い徴候である。彼が話さねばならない内容が、分析についてどれほど不信感をもっているか、分析に関してこれまでどれほどおぞましいことを耳にしてきたかといったことにとどまる場合であれば、さほど深刻ではない。彼の前に持ち出されるこのような可能性もしくは類似の可能性を患者が否定したとしても、私たちの主張によって、彼が自分のこころを占めているなんらかの考えを無視していることを認めるように動かすことはできる。彼は、ぼんやりとしてはいても治療そのものについて考えていたり、自分が今いる部屋の様子にこころを奪われていたり、面接室のさまざまな物や自分が寝椅子の上に横たわっているという事実について考えずにはいられなかったりしたのかもしれない。だが、これらすべては、「何も思い浮かびません」という言葉に置き換えられている。こうした徴候は十分理解することができる。今ここにある状況に結びつくすべては医師に対する転移（二三）のあらわれであり、最初の抵抗にうってつけのものだということになる。(k) それゆえ、私たちは、こうした転移を明らかなものにすることから始めざるをえない。そこから始めることで、患者の病因的な素材にすみやかに近づくことできるであろう。過去の生活史のなかのできごとによって性的攻撃性に支配されやすい女性と抑圧された強度の同性愛をもつ男性が、そんなふうに治療の最初の段階で思いついたことを最も引っ込めやすい人々である。

　患者の最初の抵抗と同様に、最初の症状や偶発行為にも特別な関心を払ってもよいだろう。神経症を支配しているコンプレックスが、これによって露わになることもある。すぐれた美的

た。精神分析治療はどのような配慮も気にかけてはならない。なぜなら、神経症とその抵抗はそれ自体何も配慮していないからである。

（4）家族関係、住んでいた場所やその時期、手術といったようなデータについては、この限りではない。

（i）［この部分と、『ヒステリー研究』（一八九五d）の中で記述されているフロイトの最初期の症例における彼自身の経験を比較せよ。たとえば、『標準版』二巻五〇頁と一三八頁。］

（j）［フロイトは、この技法上の問題については、『ヒステリー研究』の最後の数頁（同書三〇一―三〇四頁）においてすでに論じている。］

（k）［上述の「転移の力動」『標準版』一二巻一〇一頁（本書一三頁）参照。「集団心理学と自我の分析」（一九二一c）の第一〇章の脚注のひとつ（『標準版』一八巻一二六頁）で、フロイトは、この状況と

感覚を備えた才能豊かな若い哲学者が、最初の面接時間に寝椅子に横たわる前に急いでズボンの折り目をつまんでまっすぐに直したとする。彼はかつて非常に洗練された嗜糞症者であったことを示しているのである。それは後に美的感覚の鋭い人間になったことから予期されたことではある。同じ状況で、ある若い女性がスカートの裾を露わになったくるぶしの上まであわてて引っ張りあげたとする。このようにふるまうことで、彼女は後に分析のなかで明らかになることの要点を漏らしている。つまりそれは、彼女の身体の美しさに対するナルシシズム的誇りと露出症的傾向である。

医師が背後の見えない位置に座っているところで自分が横たわるよう求められることを嫌がる患者は実に多い(1)。彼らは、別の位置で治療を受けることを許可してほしいと求める。それは大部分、医師の姿を見る機会が奪われないことを切望するからである。このことへの許可は常に拒まれることになる。しかし、「セッション」そのものに入る前や、終了を告げられて寝椅子から立ち上がった後に、患者が少しばかり言葉をかけてこようとするのを妨げることはできない。このようにして、患者の見解においては治療はふたつに区分される。ひとつは公式の部分であって、そこで彼らはたいてい非常に制止された形でふるまっている。もうひとつは非公式な「友好的」部分であり、そこで彼らはまさに自由に喋り、彼ら自身が治療のうちに入っていないと見なしていることを何でも口にするのである。医師はこのような区分けをずっと認めるわけではない。セッションの前後に語られたことに注意を払い、できるだけ早い機会にそれを持ち出すことで、患者が打ち立てようとした隔壁を取り壊す。この隔壁もまた、転移抵抗という素材からできあがったものなのである。

患者が伝えようとする事柄や考えが遮られることなく続くかぎりは、転移という主題は触れ

ある種の催眠技法との間の類似性に注意を促している。］

(1)［上述の『標準版』一二巻一三三頁（本書四八頁）以降を参照。］

られないままにしておかなければならない。転移が抵抗になるまで待たなければならない。それはすべての手続きのなかで最も微妙なところなのである。

私たちの直面する次の問いは、原則的問題を提起する。それは以下のようなものである。私たちはいつ患者に何かを伝えることを始めるべきなのか、患者に湧き起こってきた考えの隠れた意味を彼に明らかにし、分析の基礎的前提や技法的手続きへと彼を導き入れるのはいつなのか。

これに対しては次のようにしか答えられない。十分に効果的な転移が患者のなかに確立する、つまり、患者とのあいだに適切な**調和的関係**が築かれるまでは待たねばならない、と。患者に治療、および医師という人物に愛着をもたせることは、やはり治療の最初の目標なのである。それを確実にするためには、患者に時間を与える以外何もする必要はない。患者に真剣な関心を示し、最初に浮上してくる抵抗を注意深く取り除き、ある種の間違いを犯さないようにすれば、患者はおのずとこうした愛着をかたちづくり、自分を愛情をもって扱ってくれたおなじみの人々のイマーゴのひとつと医師を結びつけるようになる。もし、最初から思いやりのある理解の立場でなく、たとえば道徳的教化の立場といった他の立場を取るならば、あるいは患者が争っている相手（たとえば配偶者）の代理者や擁護者のようにふるまうならば、まちがいなくこの最初の成果を取り逃がす可能性がある。(m)

この答えに含まれているものはもちろん、思いついたらすぐに患者に症状の意味するところを伝えたり、さらには初回面接から患者にこうした「解答」を投げつけることを特別の勝利と見なしたりすることへと導くような、あらゆるふるまい方への非難である。熟練した分析家に

（m）［初版においてのみ、この文の後半は、「たとえば、患者が葛藤に巻き込まれている両親にせよ配偶者にせよ、相手の代役や代弁人のようにふるまうなら」と読める。］

とって、患者の訴えやその病気についての物語の行間からはっきりと秘められた願望を読み取ることは難しいことではない。しかし、分析の原理原則について何ひとつ知らない会ったばかりの他人に、近親姦的な絆で母親に愛着しているとか、一見愛しているように見える妻の死を願う願望を抱いているとか、上司を裏切る意図を隠しているとかいったことを告げることのできる人は、なんと独善的で浅慮であろうか。(n) この種の電光石火の診断と「急行」治療を自慢にしている分析家がいることは私も聞いたことがあるが、そのような例をまねることのないよう警告しなければならない。そのようなふるまいをすれば、その推測が正しいかどうかにかかわらず、分析家と治療に対する患者の信用はいっさい失われてしまうし、これ以上ないくらいの反感を患者にかきたてるであろう。実際、推測が正しければ正しいほど、(二三) 抵抗は激しくなるのである。通常、治療の効果はゼロになるが、分析から患者が逃げ出すことですべては終わる。たとえ分析がもっと先まで進んだ段階であっても、症状についての解答や願望の意味するところは、患者が自分自身でその説明をつかみ取るためにあとほんの一歩踏み出せばよいところまですでに近づいていないかぎり、伝えないように注意しなければならない。以前は私もしばしば、解答の時期尚早な伝達によって早すぎる治療の終わりを迎えることがあった。それはそうすることで突如呼び起こされた抵抗のためだけでなく、その解答がもたらした安堵のためでもあった。

しかし、この点については異議もあるかもしれない。私たちの課題は治療を長引かせることなのか。むしろできるだけ早く終わらせることではないのか。患者の病気は知識と理解の欠如によるのではないのか。そしてできるだけ早く、すなわち医師自身がその説明を知るやいなや患者を啓発することが義務なのではないのか。この問いに答えるためには、分析における知識

(n)［『乱暴な』分析」についての彼の論文（一九一〇k）において、フロイトがすでに提示している、このことについての詳しい実例を参照。］

というものの意味と治癒の機制について少し脱線する必要がある。

分析技法の初期の頃、私たちが事態を主知主義的に見ていたことは事実である。私たちは患者が自分では忘れていたものを知るということに重きをおき、このことにおいて、私たちが知るということと患者が知るということの区別をほとんどつけていなかった。忘れ去られている患者の幼児期の外傷についての情報を、他の情報源、たとえば両親や乳母、あるいは実際にいくつかのケースでは可能であったが誘惑者本人から聞き出すことができれば、私たちはそれを特別に幸運なことだと見なしていた。そして、この情報とそれが正しいという証拠を急いで患者に伝えることで、神経症とその治療とをすみやかに終わらせることができるという確実な期待をもっていた。その期待した成果が出てこないとわかったとき、それは深刻な失望となった。自らの外傷体験についていまでは知っているはずの患者が、あたかも以前と同じく何も知らないかのようにふるまったのである。（一四）これはいったいどういうわけなのであろうか。抑圧された外傷について患者に語り説明しても、外傷についてのどんな記憶もこころのなかに浮かび上がることはなかったのである。

ある特定のケースでは、ヒステリーの少女の母親が少女の発作の固着に大きく寄与した同性愛体験を私に打ち明けてくれた。母親自身、この場面に驚愕していた。しかし、患者は、そのことがすでに思春期手前になって起こったにも関わらず、それを完全に忘れていた。ここで私はとても学ぶことの多い観察をすることができた。私が母親から聞いた話をその少女に伝えるたびに、彼女はヒステリー発作を起こした。そして、発作の後には私が伝えた話をもう一度忘れ去ってしまった。患者が押し付けられた知識に対して激しい抵抗を示していたことは、疑いえないところである。私の話から身を守るため、彼女はついには知的障碍や完全な記憶喪失のふりまでした。このようなわけで、知るという事実それ自体に以前与えられていた重要性を付与することをやめ、過去において知らないという状態をもたらし依然としてその状態を守ろうとしている抵抗に重点を置くことしか選択の余地はなかった。意識的な知識というものは、引き続いてもう一度追い払われることはなかったとしても、こうした抵抗に対しては無力であったのである。(o)

意識的に知っているということと知らないということが同時に起こりうるという患者たちの奇妙なふるまいは、いわゆる正常心理学では説明がつかないままである。しかし、無意識の存在を認めている精神分析にとって、それはなんら難しいことではない。それどころか、いままで記述してきたこの現象は、さまざまな心的過程に局所論的区分の観点からアプローチする見解にとって、この上ない支持を与える。患者たちは抑圧された体験について意識的な思考の上では知っているが、その思考は抑圧された記憶がなんらかの形で収納されている場所とのつながりを欠いている。意識的な思考過程がその場所へと貫通し、そこで抑圧抵抗に打ち勝つまで、なんら変化は生じない。それはちょうど、青少年の非行はある程度寛大に取り扱うようにという法令が法務省によって公布されたようなものである。この法令が地方の行政官の知るところとならないかぎり、または彼らが法令にしたがうことよりもむしろ自分自身の判断によって裁くことを好む場合は、個々の非行青少年の処遇には変化が起こりえないのである。しかしながら、正確を期すために付け加えておくと、抑圧された素材の患者の意識への伝達は、そうはいっても全く意味がないわけではない。症状をなくすという望まれた結果をもたらすわけではないが、それとは別の結果を生じさせるからである。抑圧された素材の意識への伝達は最初は抵

(o) [ブロイエルと共同研究を行っていた頃のフロイトが抱いていたこの主題についてのきわめて異なった見解は、『ヒステリー研究』(一八九五d)、『標準版』二巻二七四―二七五頁における類似の症例において彼がしている記述に明瞭にみてとれる。]

抗を生じさせるが、その後この抵抗が克服されると、ひとつの思考過程を立ち上げる。その思考過程が進んでいくと、無意識的な記憶への期待されていた影響力がついに生じるのである。（p）

さて、治療によって動き出すさまざまな力の働きについて概観するのによい頃合いとなった。治療におけるそもそもの動因は患者の苦しみであり、それから生じる治癒を求める願望である。この動因となる力の強さは、分析が進んではじめて発見されるさまざまな因子（二五）——とりわけ「二次的疾病利得（q）」と私たちが呼ぶもの——によって減じることになる。だがその力は、治療の最後まで維持され続けなければならない。あらゆる改善がこの動因となる力を弱めていくとしてもである。しかし、病気を追い払うためにはこの動因となる力だけでは十分ではない。そこにはふたつのものが欠けている。その動因となる力は目的に達するためにどの道をたどればいいのか知らないし、抵抗と対抗するために必要なエネルギー量を所有していない。このふたつの不足を補うのが分析治療である。分析治療は転移のために準備されているエネルギーを動かすことで、抵抗の克服に必要とされるだけのエネルギー量（二六）を供給する。そして、正しいときに患者に情報を与えることで、そうしたエネルギーをどの道筋にそって向けるべきかを患者に示すのである。転移だけで病気の症状を除去できることもしばしばあるが、それはあくまでも一時的なもので、転移そのものが持続しているかぎりのことに過ぎない。このような場合、治療は暗示による治療であって全く精神分析ではない。精神分析の名に値するのは、転移の強烈さが抵抗の克服のために利用された場合に限られる。このような場合にのみ、転移がまたもや解消されたときでさえも、病気になることは不可能になる。もちろん、転移が解消される運命にあることはいうまでもない。

（p）［無意識的観念と意識的観念のあいだの区別の局所論的構想は、フロイトによって「ハンス少年」の症例報告（一九〇九b）、『標準版』一〇巻一二〇―一二一頁においてすでに論じられており、さらにもう一度「乱暴な」分析についての論文（一九一〇k）、『標準版』一一巻二二五頁においても、暗黙に言及されている。この構想の難点と不十分さは、この論文の二年後に、メタサイコロジー論文「無意識」（一九一五e）の第二節と第七節で指摘されており、そこではこの区別についてのより根本的な説明が提出されている。］

（q）［上述の『標準版』一二巻一三三頁の脚注（本書四七頁の脚注g）を参照。］

治療の経過のなかでは、他にも助けとなる要因が生じる。それは患者の知的関心と理解力である。しかし、この要因だけだと、互いに闘う他のさまざまな力との比較ではほとんど物の数に入らない。それというのも、抵抗によって判断力に曇りが生じる結果、その価値が失われてしまう危険性が常にあるからである。それゆえ、患者が彼の分析家から受け取る新しい強さの源として残るのは、転移と（彼への伝達を通しての）教示だけとなる。しかし、患者がその教示を利用できるのは、転移によって彼がそうするように導かれるときに限られる。強い転移が発展するまで、私たちからの最初の情報伝達[二七]を差し控えるべきなのはこの理由からなのである。付け加えるならば、このことはその後の情報伝達においてもそうなのである。どんな場合でも、次から次へと生じてくる転移抵抗によってもたらされる転移に対する妨害が取り除かれるまで、私たちは待たねばならない[r]。

（r）［精神分析療法の機序についての全般的な問題、とりわけ転移の問題については、『精神分析入門』（一九一六―一九一七）の第二七講および第二八講でより詳しく論じられている。「精神分析の基本規則」（一三四頁以降）を遂行することの困難について、『制止、症状、不安』（一九二六d）の第六章においていくつかの興味深いコメントをしている。］

監訳者注

（一）岩波版は「臨床」としているが、GWでは praktishen であり、SEの practicing の方が正確だろう。

（二）SEではチェスの比喩はこのあたりまで及び、game という言葉がつかわれている。GWにはその比喩は及んでいないようで、人文版、岩波版は治療プラン、治療計画としている。

（三）人文版のみこの一文を全く反対に訳しており、GW、SEとも違っている。誤訳である。

（四）上の三つのことはSEでは並列に並べられているが、GWでは違う。人文版、岩波版では一つのことの三つの側面として訳されている。

（五）人文版のみ、患者ではなく、治療を主語としている。GWを読む限り、岩波版が訳したように患者が主語と読める。SEも同じである。

（六）人文版、岩波版ともに「それ以上の（三回／週以上の）切り詰め」とは読めない。「それ以外の」と訳している。GWでは weder dem であるが、SEでは beyond this である。

（七）人文版にのみ、「一日休んだだけでも最初から新しくやり直さなければならない」とあるが、GWにもそうしたフレーズは見出せない。過剰な強調というべきだろう。
（八）ここを人文版は「稀なことではあるが」としているが、誤訳と思われる。
（九）人文版はこの「満たすことを期待される」を、分析家が満たそうと「企てる」としている。GW、岩波版とも一致せず、誤訳である。
（一〇）人文版は「分析医としての覚悟を失ってしまうだろう」と患者と分析家を取り違えており、誤訳である。
（一一）この箇所で人文版はGW、SEにない説明を大幅に付加している。
（一二）人文版、岩波版とも「自己主張の闘争」としており、GWでは selbstbehauptung であり、直訳。SEの existence はストレイチーの意訳か。
（一三）人文版のみ「合理的な」という修飾語をつけている。GW、岩波版、SEにはそれに当たる語がない。
（一四）人文版は「分析操作を開始すべきか」としている。小此木の「操作」という語への嗜好がここでもみられる。GWには「操作」に当たる語はなく、岩波版にもない。SEにもない。
（一五）人文版のみ「何でも話して」となっている。GW、岩波版にその語はない。SEにもない。
（一六）GWには「百から千に跳ぶ」という比喩があり、人文版、岩波版ともそう訳しているが、SEにはその比喩はないため、割愛した。
（一七）人文版のみ「正しく認識」としており、岩波版、GW、SEとは異なる。
（一八）人文版のみ「エネルギーの漏れ口」。GWにはエネルギーに当たる単語は見えない。岩波版にも「エネルギー」の語はない。
（一九）このセンテンス、人文版は完璧に誤訳している。分析家のなすべきことでなく、分析でおこることの自然経過の説明として訳している。GW、岩波版はほぼSEと同じ意味を伝えている。
（二〇）人文版は「治療上困難を感じない」。GW、岩波版、SEと一致せず誤訳。
（二一）人文版「何から手をつけるべきか考えてみなければならない」。GW、岩波、SEとは相当違う。誤訳と言える。
（二二）岩波版はわざわざ（陰性）とGWにない単語を挿入している。このような現象はとくに陰性転移でなくても生じるのでやや不思議な挿入である。こういったところが岩波版に、実践家としては疑問を感じる部分である。
（二三）人文版、岩波版とも「早く正しい」と訳している。SEには「早く」に相当する語はない。
（二四）このセンテンス、人文版は「いまはじめて知った患者が前から知っていた患者と同じ態度をとる」と誤訳している。岩波版、GWはSEと一致する。
（二五）SE、岩波版ともこの「力」は治療の動因の力と訳しているが、人文版のみ「本能的な力」としている。

（二六）ＧＷでは Affektgrößen 情動量であり、人文版、岩波版はそれにそって訳しているが、ＳＥでは情動に触れることなく、energy としている。

（二七）ＳＥでは communication、ＧＷでは Mitteilung。岩波版は「情報を伝える」と訳しているが人文版のみ「解釈」としている。やや踏み込みすぎであろう。

想起すること、反復すること、ワークスルーすること
(精神分析技法に関するさらなる勧めII)(一九一四)

精神分析技法が草創期以来こうむってきた大規模な改変を初学者に思い起こすように促しつづけることは、不要なことではないと私には思われる。最初の時代、つまりブロイアーのカタルシスの時代では、症状が形成されたその瞬間に直接的に焦点を絞り、一貫してそうした状況にまつわる心的過程を再生するよう努め、その過程が意識的活動の道筋で放出されるように導くということが技法であった。催眠状態の助けを借りた想起と除反応(一)とがその当時の目標であった。次に、催眠が放棄されたとき、患者が思い出すことのできない事柄を自由連想から見出すことが課題となった。抵抗は解釈の仕事とその結果を患者に伝えることによって回避された。症状形成が引き起こされた状況、ならびに発病の時点に背後にあった他の状況は関心の焦点という地位を保っていたが、除反応の要素は背後に退き、患者が精神分析の基本規則にしたがって自由連想への自身の批判を克服することを強いられるときに患者がしなければならない仕事に費やされる労力へと置き換えられたように思える。そして最終的に、今日用いられている一貫した技法が発展し、分析家は特定の状況や問題に焦点を絞ろうとすることを放棄した。分析家は安んじて何であれ、当面患者のこころの表面に存在するものを検討し、おもにそこに現われる抵抗を認識する目的のために解釈という業《わざ》を用い、その抵抗を患者に意識させる。このこ

とから、新種の仕事の分野が生まれることになる。すなわち、医師は患者の知らない抵抗を明るみに出すのである。その抵抗を克服すれば、しばしば患者は忘れていた状況とつながりを難なく物語るのである。もちろん、これらさまざまの技法の目的は変わってはいない。記述的に言えば、記憶の間隙を埋めることであり、力動的に言えば、抑圧による抵抗を克服することである。

私たちは、かつての催眠技法が分析の(二)ひとつひとつの心的過程(三)を独立した図式的な形で私たちに示してくれたことに、いまも感謝しなければなるまい。このことがあったからこそ、私たちは分析治療のなかにより複雑な状況を作り出し、それらを私たちの眼前に明確に維持する勇気を得たのである。

これらの催眠治療において想起の過程はとても単純な形を取った(四)。患者は早期の状況に自分自身の身を置くが、それを現在の状況と混同することは決してない。そしてその状況が属していた心的過程を、それが通常であったかぎりにおいて物語ったのである。患者はそれに付け加えて、その当時無意識であった過程を意識化した結果として現われうることをなんであれ話した。

ここで、分析家なら誰でも自分が観察して確認したと考えるいくつかの事柄を差し挟もう(a)。印象であれ情景であれ体験であれそれらを忘れることは、たいていの場合、それらの遮断に還元される。患者がそうした「忘れていた」ことについて語るときには、こう付け加えないことはめったにない。「実際はいつだって知っていたのですが、ただ、そのことを考えなかっただけです」と。患者は、自分が「忘れた」と呼ぶことのできること、そのできごとが起こってか

（a）［第一版においてのみ、この段落とそれ以後の三段落（「挿入」を構成している）は小さい活字で印刷されていた。］

ら一度も考えてみなかったことが十分に頭に浮かばないということにしばしば失望を表現する。しかし、こうした欲望も、特に転換ヒステリーの場合には満たすことが可能である。非常に広範に存在している隠蔽記憶〔五〕の真の価値を評価することによって、「忘れること」の範囲をさらに狭めることができるのである。いくつかの事例では、得た印象によると、私たちにとって理論的に非常に重要でありよく知られている幼児健忘が、隠蔽記憶によって、完全に埋め合わされているという印象を得てきた。そこでは隠蔽記憶のなかに、子ども時代の本質的なもののいくぶんかではなく、すべてが保持されている。それは、どうやって隠蔽記憶から分析〔六〕によってそれを引き出すかを知るかという単純な問題なのである。隠蔽記憶は、夢の顕在内容が夢思考を適切に表現するように、忘れ去られた子ども時代を表現する。

そのほかの心的過程の一群、すなわち空想、関係づけの過程、感情的衝動、思考のつながりなど純粋に内的行為として印象や体験と対比されうるものは、忘却と想起との関係性において、別個に考察しなければならない。こうした過程でとりわけ頻繁に生じることは、一度も気づかれず一度も意識されなかったために「忘れられる」ことが不可能であったことが、「思い出される」ということである。心的できごとの道筋という点からは、そのような「思考のつながり」がいったん意識されてから忘れられたのか、あるいはかろうじて意識されることさえ全くなかったのかは、少しも違いがないようである。患者が分析において獲得する確信は、この種の記憶とは全く独立したものである。

とりわけ、多種多様な形態をとる強迫神経症においては、忘れることはたいてい、思考のつながりの解消、正しい結論を導くことの失敗、記憶の孤立へと制限される。

きわめて重要であるがその記憶が通常回復されることはない特別な体験がある。それらは幼少期のごく初期に生じた体験で、そのときには理解できなかったが**事後的に**理解され解釈された体験である。夢を通してそのことの知識が得られ、[七]神経症の構造によって与えられるいやおうのない証拠によってそのことを信じるほかなくなる。さらに、患者の抵抗が克服されたあとには、もはやそうした記憶（よく知っているという感覚）の欠如をそれらの受け入れを拒絶する根拠として引き合いに出すことはないと私たちは確信することができる。とはいえ、この問題には批判的な用心深さを要するし、また新しくて驚くべきことを持ち込むので、適切な素材との関連で別個に論じるためにとっておくことにしよう。[b]

新しい技法のもとでは、この楽しげなまでに円滑なものごとの経過はほとんど、あるいはしばしば全く残らない。[c][八]途中のある点までは催眠技法下と同じような反応を示して後になってようやくそれが終わる場合もあるが、最初から異なった反応を示すものもある。違いをはっきりさせるために後者のタイプに限定するならば、患者は忘れられ抑圧されたことを何も**想起**せず、それを**行動化**する、と言ってよいだろう。[d]彼は記憶としてではなく、行為としてそれを再生する。もちろん、**反復**していると知らずにそうするのである。

たとえば、患者は、両親の権威に対して反抗的で批判的な態度を向けていたことが思い出される、と言うのではなく、かわりに医師に対してそのようにふるまう。幼児期の性の探求において行き詰っていかにどうしようもなくなり途方に暮れていたかを思い出すのではなく、混乱した夢や連想をたくさん作り出し、自分は何をやってもうまくいかない、と不平を言い、取り組んだことを決してやりとげられない運命なのだと断言する。ある種の性的活動を激しく恥じ、それが露呈することを恐れていたことを思い出すのではなく、自分が受けはじめた治療につい

（b）「これはもちろん、「狼男」と彼の四歳のときの夢に対する言及である。当時、フロイトは彼の分析を終えたばかりで、「狼男」の病歴の出版は四年後の一九一八年になるが、彼はおそらく、多かれ少なかれこの論文と同時にその病歴の執筆に従事していた。とはいえそれ以前に、フロイトはこの幼児期の記憶の特別な類型に関する議論に『精神分析入門』（一九一六―一七）の第二三講の後半部においてとりかかっている。」

（c）「フロイトは前頁の「挿入」部分の最初の部分で置き去りにした論点を拾い上げている。」

（d）「このことはフロイトによってはるか以前に明らかにされている。それは『標準版』七巻一一九頁（一九〇五e）の「ドラ」の分析の論文のあとがきにおいてであり、そこでは転移という話題が議論されている。」

て恥ずかしく感じていることを明らかにし、治療を誰にも秘密にしようとする、といったことなどである。

何よりも、患者はこの種の反復でもって治療を**始める**[九]。波瀾万丈の人生と長い病歴を持った患者に対して、精神分析の基本規則を伝え、こころに浮かんだことを話すように求めるとき、情報の洪水があふれ出ることを期待するだろう。だがしばしば、最初に起きることは患者が何ひとつ語らないということである。彼は沈黙し、何も浮かんでこないと断言する。これはもちろん、同性愛的態度の反復に過ぎないのであって、何かを想起することへの抵抗として前面に現れたのである［『標準版』一二巻一三八頁（本書五三頁）］。治療のなかにとどまるかぎり[一〇]、患者はこの反復強迫から逃れることはできない[e]。そして、ついに、これこそが患者の想起のし方だということを私たちは理解する。

当然ながら、私たちが最も関心があるのは、この反復強迫と転移ならびに抵抗との関係である。すぐに私たちが悟るのは、転移がそれ自体ひとつの反復に過ぎず、その反復が忘れられた過去を医師に転移するのみならず、現在状況のその他あらゆる側面へと転移するということである。したがって、私たちが覚悟しておかねばならないことは、想起への衝動の置き換えである反復強迫に、単に医師への個人的な態度においてのみならず、その時点の生活を占める他のあらゆる活動や関係性においても、たとえば、治療中に恋に落ちたり仕事を引き受けたり事業を始めたりといった際にも、患者が身を任せるということである。抵抗によって演じられる役割も容易に認識できる。抵抗が大きければ大きいほど、行動化（反復）はますます大規模に想起にとって代わる。ところで、催眠のもとで生じる忘れていることの理想的な想起は、抵抗が完全にわきに置かれている状態と対応している。穏やかで暗黙の陽性転移に守られて治療が開

（e）［ここは、この反復強迫というアイデアの最初の出現だと思われる。そのアイデアはより一般化された形でフロイトの後期の欲動理論において、非常に重要な役割を果たす。ここで示されているような臨床的適用という形で、それは「不気味なもの」『標準版』一七巻二三八頁（一九一九h）において再び現れ、「快原則の彼岸」『標準版』一八巻一八頁以降（一九二〇g）の第三章の全般的主題を支持する証拠の一部として用いられている。そこではこの論文が参照しなおされている。］

始されるなら、催眠下でそうであったように患者が記憶を掘り起こすことがはじめは可能となり、そのあいだは病的症状自体静まっている。しかし、分析が進んで、転移が敵対的なものになったり不相応に強度を強めたりして（一一）そのために抑圧が必要となると、想起はただちに行動化に道を譲る。そしてその先は、抵抗が反復されるべき素材の順序を決定する。患者は治療の進展に対抗し、自分を守るための武器を過去という兵器庫から持ち出してくる。その武器をひとつひとつ私たちは彼からもぎ取らねばならない。

ここまでのところで、患者が想起するかわりに、そして抵抗という条件のもとで、反復することを学んできた。いまや患者が実際何を反復し、行動化するのかを問うてもよいだろう。その答えはこうである。患者は、抑圧されたものという源泉から彼の顕在的な人格に至る道筋で生み出してきたすべて、すなわち、制止や無益な態度や病的性格特徴を反復する。彼は治療の経過のなかで彼の症状すべてをも反復する。そうして、いま私たちに見えてくることは、反復強迫に注意を向けることで私たちが獲得したのは、新しい事実ではなくひとつのより包括的な見解であるに過ぎないということである。私たちが明確にしてきたことは、患者の病的な状態を分析の開始によって終わらせることはできず、彼の病気を過去のできごととしてでなく、現在の力として扱わねばならないということだけである。この病気の状態はひとつひとつ、治療操作の領域と範囲のなかへと持ち込まれる。患者がそれを現実であって現在である何かとして体験する一方で、私たちは大部分、過去へと遡ることから成り立っている治療的仕事をそれに基づいてしなければならないのである。

催眠において導入される想起は、どうしても実験室のなかで行われる実験という印象を与えずにはおかない。一方、新たな技法にしたがう分析治療において導入される想起は、現実生活の一片を呼び起こすという含みをもち、それゆえにこそ必ずしも無害で異論を差し挟めないものだとは限らない。この考察は、「治療中の悪化」というしばしば避けがたい問題全体へと道を開く。

まず何よりも、治療の開始はそれ自体、患者の自分の病気に対する意識的態度の変化をもたらす。患者はそれまではたいてい病気に対して嘆くことに甘んじ、病気をばかげたものとして軽蔑し、その重要性を軽視し、その一方で彼が病気の起源に対して採用してきた抑圧という事なかれ主義を病気のあらわれに対してまで拡大してきた。こうして、患者は自分の恐怖症がどんな条件で発症したかを正しく知ることはなく、自分の強迫観念の正確な内容に耳を傾けもせず、自分の強迫衝動の実際の目的を把握することもないというようなことが起きうる。(f) もちろん、治療にとってこの態度は役に立たない。患者は自分の病気のさまざまな現象に直接に注意を向ける勇気を見出さねばならない。もはや病気はそれ自体軽蔑すべきものと彼に見えてはならず、彼の勇気に値する敵、彼の人格の一部とならなければならない。それは彼の病気の存在に確固とした根拠を与え、そこから彼の将来にとってさまざまの価値あるものが引き出されるべきである。このようにして、症状のなかに表現されることになる抑圧された素材との和解への道は最初から切り開かれており、同時に病気という状態へのある種の寛大さのための余地も見出される。病気に対するこういった新しい態度が葛藤を強め、それまではっきりしなかった症状が前面に出てしまうとしても、こうしたことは必要で一時的な悪化に過ぎない、姿もなく手も届かない敵は打ち負かすことなどできない、と指摘して患者を慰めることは容易にできる。とはいえ抵抗が、自分の目的のためにこの状況を利用し、病気でいてもいいという許可を濫用することもあるだろう。「本当に私が退いてそういう成り行きに道を譲ったらどうなるか、見

(f)［このことの例は、「ハンス少年」(一九〇九b)『標準版』一〇巻一二四頁と「鼠男」(一九〇九d) 二二三頁の病歴を見よ。］

ているがいい。抑圧にゆだねていた私は間違っていなかったのではないのか」と抵抗は言うように見える。とりわけ、若く幼い人たちは治療によって課された自分の病気へ注意を払う必要性を、症状に耽溺することへのありがたい言い訳にしてしまいやすい。

さらなる危険が、治療の経過中においてそれまで感じられていなかった新たなより深部の欲動衝動が「反復」されるようになりうるという事実から生じる。最終的には、患者の転移の外側での行動が日常生活に一時的に害を及ぼしたり、患者の回復の見込みを永久的に無効にするために選ばれたりすることさえありうる。

こうした状況において医師が採用する術策は容易に正当化される。彼にとっては、たとえ新しい技法で達成することができないことがわかっていても、古い様式での想起、心的領域での再生は譲ることのできない目標である。（一二）彼は、患者が運動領域へと向かわせたがっているすべての衝動を心的領域にとどめるための、患者との永久的な闘争を覚悟する。そして、患者が行動の中へ放出したいと願っているものを想起の仕事を通して処理することをもたらすことができたとき、それを治療の勝利として祝うのである。転移を通した愛着がともかくも利用可能なところまではぐくまれると、治療は患者がそれ以上重要な反復行動を遂行することを阻み、そうしようとする彼の意図をまさにその発生した時点で治療的仕事のための素材として利用することができる。患者の衝動が実行されることによってもたらされる損害から患者を保護する最良の方法は、治療の期間中には人生に影響を与える重要な決断を行わないことを約束させることである。たとえば、職業や決定的な愛情対象を選択させず、回復後までそうした計画を延期させるのである。

それと同時に、こうした制約に矛盾しないかぎり、患者の個人的自由に手をつけず、たとえ馬鹿げていても重要でない意図を実行に移すことを妨げないようにすることをいとわない。人間が分別を学ぶのは自分自身の経験と災難を通してだけであるという事実を忘れないのである。治療中に非常に好ましくない企てに陥っていくことを断念させられず、あとになってようやく分析の準備ができ、分析の手が届くことが可能となるような人々もいる。ときには、飼い馴らされていない欲動に転移という手綱をつける時間的余裕をもつ前に欲動が出しゃばってきたり、患者を治療に結びつけている絆を反復行動のなかで患者が壊してしまったりといったことが、避けがたく生じることもある。この極端な例として、繰り返し朦朧状態で家と夫から逃げだして誰も知らないところに出奔しては、そうやって姿をくらます[一三]動機を意識することない年配の女性について記してみよう。彼女は顕著な情愛に満ちた転移とともに治療にやってきたが、その転移は最初の数日のあいだに不気味なほど急速に強まった。その週の終わりまでに彼女は私からも姿をくらましてしまった。それは、こうした反復を妨げることができたかもしれない何かを彼女に言う時間的余裕をもつ前のことだった。

　しかしながら、患者の反復強迫を抑制し、想起するための動機に変えるための主要な方法は、転移の扱い[一四]のなかにある。私たちは、その強迫に限られた領域でのみ自己主張する権利を与えることによって、それを無害な、むしろ有益なものに変える。私たちは転移を反復強迫のためのひとつの遊び場として許す。その遊び場では反復強迫がほとんど完全な自由をもって展開することが許され、患者のこころに隠れていた病因的欲動の道筋のなかで私たちにすべてを提示することになるのである。患者が分析の必要条件を尊重するだけの従順さを示してさえくれれば、私たちは必ず病気の症状のすべてに新たな転移的意味[g]を与え、患者の通常の神経症を治療的な仕事によって治癒可能な「転移神経症[h]」に置き換えることに成功する。このようにして転

（g）［転移的意味 transference meaning の原語は '*Übertragungsbedeutung*' である。一九二四年以前の版では、これは '*Übertragungsbedingung*'（転移決定要素）と読める。］

（h）［転移神経症という用語の、この特別な用法と一般的な用法（ヒステリーや強迫神経症を指す）との関係については、『精神分析入門』（一九一六—一九一七）の第二七講において指し示されている。］

移は病気と現実生活のあいだの中間領域を創造し、そこを通じてその両者は互いに移行し合うのである。この新しい状態は病気のすべての特徴を引き継いでいるが、いかなる点でも私たちの介入が到達可能な人工的な病気ということになる。それは一片の現実体験であるが、特別に好ましい条件によって可能になったものであり、一過性という性質を帯びている。転移において示される反復反応[i]からは、記憶の覚醒へのなじみのある道へと導かれる。記憶は、抵抗が克服された後は、いわば困難なく立ち現れてくる。

この論文の表題さえなければ[二五]ここで打ち切ってもよいのだろうが、表題が分析技法に関するさらなる論点について論じるように私に強いる。抵抗を克服する第一歩は、よく知られているように、患者が認識していない抵抗を明らかにしてそれを患者に知らせることによってなされる[二六]。ただ、分析実践の初心者はこの導入的な一歩を分析の仕事の全体だと見なす傾向があるように見える。医師が患者に抵抗を指摘したにもかかわらず、何の変化も生じず、それどころか抵抗がいっそう強まって全体的状況が前より不分明になってしまった、と文句を言うような症例に対して、私はしばしば助言を求められることがあった。治療がもう前に進むようには思えない、と言うのである。しかし、いつもこの悲観的予感は誤りだったことが明らかになるのであった。治療は大まかに言えばきわめて順調に進展していたのである。ただ、分析家が抵抗という名を単に告げただけでは、即座にそれを途絶えさせることができないことを忘れていたに過ぎない。私たちは抵抗に逆らって分析の基本規則にしたがって分析的仕事を続けることによって、いまや知ることになった[j]抵抗と親交をより深め、それをワークスルーし、それを克服するための時間を患者に与えなければならない[二七]。抵抗が最も高まったときにようやく、分析家は患者と協働して抵抗を養っている抑圧された欲動衝動を発見することが可能になる。そしてこ

（i）［初版においてのみは、ここは「反復行為」と読める。］

（j）［'……sich in den ihm nun bekannten Widerstand zu vertiefen'と、初版においてのみ書かれている。その後、ドイツ語版すべてにおいては'nun bekannten'が'unbekannten'と変更された。しかしながら、「彼は知らなかった抵抗により精通する」ではあまり腑に落ちない。］

の体験こそが、患者にそのような衝動の存在と力を納得させるのである。医師には、ものごとの成り行きが進むのを待ちそのままにするほかにできることは何もない。その成り行きを避けることはできないし、かならずしも促進することができるわけでもない。このような確信をしっかり摑んでいれば、実際には治療を正しい道筋で行っているのにもかかわらず失敗してしまったという錯覚を抱くようなことから、しばしば免れるだろう。

　この抵抗のワーキングスルーは分析主体にとって困難な課題であり、分析家にとってもひとつの試練だということが実践のなかでわかるだろう。それでもなお仕事のなかのこの部分こそ、患者のなかに最大の変化をもたらし、分析治療を暗示によるどのような治療とも区別するものなのである。理論的な観点からは、それは抑圧によって締めつけられていた感情量の「除反応」(k)と関連づけうるものであろう。この除反応がなかったので、催眠は無効のままとどまったのである。

（k）［この論文で導入された「ワーキングスルー」の概念は、フロイトがいくつかの箇所で論じている「心的慣性」と関連していることは明らかである。そのいくつかは、パラノイアの一例についての論文（一九一五f『標準版』一四巻二七二頁）の編注において列挙されている。『制止、症状、不安』（一九二六d）の一一章、A節（a）において、フロイトは「ワーキングスルー」の必要性を、無意識（もしくはイド）の抵抗と結びつけ、その主題に彼は「終わりのある分析と終わりのない分析」（一九三七c）の第六節において立ち戻っている。］

監訳者注

（一）abreaction の訳語として除反応を採用する。
（二）人文版は「分析操作によって惹起される」とひどく踏み込んだ訳になっている。「操作」に当たる言葉はGWには見当らない。
（三）SEで process であるが、GWでは Vorgänge であり、process と event の両方の意味がある。岩波版は「心的出来事」としている。
（四）このセンテンス、GWを直訳すると「催眠では想起はたやすくなされた」と言っているようにみえる。SEはかなりニュアンスが違う訳になっていると感じる。
（五）岩波版は「遮蔽記憶」としている。独語では Deckerinnerung であり、遮蔽（隠蔽）想起の方が正確かもしれない。

ある想起によって記憶への到達がブロックされるのだから。SEはscreen memoryとしていて、記憶が記憶をブロックするみたいな感じになる。

（六）人文版では「分析操作」。操作がここでも使われている。

（七）人文版は「夢（言語以前の表象）によって認識」という、踏み込んだ訳（ちょっと行き過ぎの感あり）。

（八）このセンテンスはGWでもSEでも、催眠技法の円滑さと新しい技法とを対比しているが、人文版はその文脈を読めておらず、完全に誤訳している。

（九）この単語がイタリックで強調されているのはSEのみ。GWには強調はない。

（一〇）「治療のなかにとどまる」を人文版は「分析操作を受けている」とする。ここでも「操作」という言葉をGW、SEに見出すことはできない。

（一一）「陽性転移が敵対的（陰性）となったり、あまりに強くなりすぎて（たとえばエロティックになったりして）」と人文版はここでもいくぶん過剰に言葉を補っている。

（一二）ここでも人文版は「操作目標」としている。GW、SEとも操作に相当する語はない。

（一三）GWでは「姿をくらます」は 'Durchgehen' と引用符付きで表現しており、人文版、岩波版とも「家出」「逐電」とカギカッコをつけている。SEでは引用符はない。

（一四）「転移の扱い」はGWでHandhabung、SEでhandlingだが、人文版はこれに「操作」を充てている。

（一五）この表題についての言及は人文版にだけすっぽりと脱落している。GWではÜberschriftの語があり、岩波版は忠実に訳している。

（一六）人文版では（　）つきで「解釈の投与」という言葉を出しているが、ここで述べていることが解釈投与にあたるかどうかは疑問である。

（一七）このセンテンスで、抵抗と親交を深め、ワークスルーし、克服する主体はGW、SEともに患者である。人文版は分析家が主体だと訳しており誤訳。岩波版は両方にとれる訳になっている。ラプランシュとポンタリスは、フロイトのテクストにおいては、ワーキングスルーの主体がすべて患者である事実を「精神分析の言語」で強調した。ワークスルーの訳語選定については「監訳者あとがき」を参照。

転移性恋愛についての観察
（精神分析技法に関するさらなる勧めⅢ）（一九一五）

精神分析の初心者は誰でも、患者の連想を解釈し抑圧されたものの再生物を取り扱うことになるとき、自分に待ち構えている困難におそらく最初は不安になるだろう。しかし時機が来れば、こうした困難は大したものでないとすぐに思うようになり、そのかわりに出くわさざるをえないただひとつの真に深刻な困難は転移の取り扱いにあると確信するようになる。

これに関連して生じるさまざまな状況のうち、きわめてはっきりとした輪郭をもつものをひとつ取り上げてみよう。それを選ぶのは、部分的にはそうした状況が頻繁に生起しその現実的側面において重要であるからであり、部分的には理論的に興味深いからである。私の念頭にあるのは、女性患者が生身の女性として、自分を分析している医師に恋してしまったことを見まがうことのない表現で示したり、あからさまに明言したりする場合である。この状況には悲惨で滑稽な側面とともに深刻な側面がある。また、その状況は非常に多くの複雑な要因に規定されていて、回避不能で解決することも難しいため、精神分析技法にとって本質的必要性を満たすこのことに関する議論は長いあいだ先延ばしされてきた。しかし、他人の失敗を嘲笑する私たち自身、必ずしも失敗から免れているわけではないので、これまでこの課題を果たそうときちんと急いできたわけではない。私たちは絶えず専門家としての慎重さ（一）という義務に直面する。

現実生活ではその慎重さなしですむことはないが、私たちの科学においてはそれは役立ちはしない。だが精神分析的な出版物もまた現実生活の一部であるかぎり、ここで解決しがたい矛盾が生じる。私は最近、あるところでこの慎重さの問題を軽視し、この同じ転移状況が最初の十年間の精神分析療法の発展をどれほど妨げてきたかを示した。(1)

高い教育を受けている素人(それは、精神分析に関しては理想的な教養人である)にとって、愛情に関係する事柄は他のどんなこととも同列に扱うことはできない。いわば、他の記述を許さない特別なページに書かれているのである。女性患者が自分の医師への恋に落ちたとしたら、そうした素人にとって、たどりつける結末はふたつしかないように思われる。ひとつは、比較的まれにしか起こらないが、あらゆる事情がふたりの永続的な合法的結合を許すという結末、もうひとつはもっと頻繁に起こることで、なんらかの天変地異によって中断が生じたかのように医師と患者が別れ、患者の回復を目指して始めた作業を放棄するという結末である。治療の継続と両立さえしそうな第三の結末があることも確かである。それは、ふたりが非合法的で永続することを意図しない恋愛関係に入ることである。しかしそのような道は、慣習的な道徳からしても専門家としての規範からしても不可能とされよう。それでもやはり素人は分析家に対し、できるかぎりはっきりと、この第三の選択肢が除外されていることを断言して安心を与えてくれるよう願うだろう。

一方、精神分析家が異なる観点からものごとを見なければならないのは明らかである。

さて、いま検討している状況のうち第二の結末の場合を取り上げてみよう。患者が自分の医師への恋に落ちた後、ふたりは別れ、治療は放棄される。しかしまもなく患者の状態によって、別な医師との第二の分析を試みることが必要となる。次に生じるのは、彼女が二番目の医師に

(1) 精神分析運動の歴史についての私の論文(一九一四d)の第一部。[これは、アンナ・Oの症例における転移に対するブロイエルの困難に言及している(『標準版』一四巻一二頁)。]

対しても恋に落ちたと感じることである。彼女がその医師と別れ、また同じように治療を始めるなら、第三の医師とも同じことが起きる、などなどということになるだろう。この現象は間違いなく起こり、周知のように精神分析理論の基礎のひとつであるが、分析を行っている医師の立場からも分析を必要としている患者の立場からもその価値を評価しうる。

　医師にとってこの現象が意味するものはひとつの貴重な啓発であり、自分のこころのなかに存在しているかもしれない逆転移傾向に対する有益な警告である[a]。患者が恋に落ちることは分析状況によって引き起こされているのであり、自分自身の人間としての魅力に帰せられるべきでないことを彼は認識すべきである。それゆえ彼には、そのような「征服」を自慢する根拠は何もない。分析の外でそう呼ばれうるとしてもである。そして、このことを思い起こすことは常によいことである。しかし、患者にとってはふたつの選択肢がある。すなわち、精神分析治療を断念しなければならないのか、あるいは避けられない運命として医師への恋慕を受け入れなければならないのか、のいずれかである[2]。

　私は、患者の身内や友人がふたつの選択肢のうち断然第一のものを選び、分析家が第二のものを選ぶことを疑わない。だが私が思うに、これこそ、彼女の身内の優しい、あるいはむしろ利己的で嫉妬深い配慮に決定をゆだねることのできない場合なのである。患者の幸福だけが決定の基準であるべきである。身内の愛情によって彼女の神経症を治すことはできない。分析家は自分を押し出す必要はないが、ある種の目的を達成するには自分こそ必要だと主張してもよいだろう。この問題に対してトルストイのような態度をとる身内は、自分の妻や娘を邪魔されることなく所有したままにすることができる。しかし彼は、妻や娘の側が神経症とそれにまつわる愛する能力の障碍とを保持し続けるという事実に我慢しようとするしかなくなる。結局こ

（a）［「逆転移」の問題はすでにフロイトがニュルンベルク大会における論文（一九一〇d）、『標準版』一一巻一四四―五頁の中で取り上げていた。彼は、本論文（『標準版』一二巻）一六五頁以降と一六九頁以降（本書八二頁と八七頁）でこの問題に戻る。これらの箇所を除き、公刊されたフロイトの業績のなかでこの主題の明示的議論を見つけることは難しい。］

（2）私たちは、転移が、あまり愛情のこもってない他の情緒で顕在化することもあることを知っている。しかし私はここでは問題のその側面に立ち入ろうとはしない。［上述の「転移の力動」（一九一二b）、『標準版』一二巻一〇五頁（本書一六頁）を見よ。］

の状況は婦人科治療の状況に似ている。さらに、嫉妬深い父親や夫が神経症との戦いのために分析以外のなんらかの治療に引き渡せば医師への恋慕を免れるだろうと考えるなら、それは大きな誤りである。その考えとは逆に、違いがあるとすればこの種の愛が表出されることも分析されることもないままにされ、患者の回復に対して精神分析ならその愛から抽き出せたはずの貢献がなされえないということなのである。

私の知るところでは、分析を実践する医師のなかにはしばしば(b)、患者に性愛転移の出現の準備をさせ、さらには「治療が進展するように進んで医者に恋をする」ように促す者さえいるという。これ以上ばかげたやり方を私はほとんど想像することができない。なぜなら、そうすることによって分析家はこの現象から自発性という説得力のある要素を奪い、将来克服しがたい障碍を自ら招くことになるからである(c)。

一見すると確かに、患者が転移のなかで恋に落ちることが治療になんらかの利益をもたらしうるようには見えない。それまで彼女がどれほど従順であったとしても、突然治療に対する理解と関心をすべて失い、自分の愛情以外のことについて話すことも聞くこともなくなり、その愛に応えるようにと要求するようになる。彼女は症状を手放したりそれを気にしなくなったりする。それどころか、自分はもうよくなっている、と断言する。そこには場面の完全な転換がある。あたかも、突然の現実の侵入によってある種のまやかしが中断してしまったかのようである。たとえば、劇場での上演中に火事だ、と叫ぶ声が上がったときのようである。初めてこれを体験する医師にとって、分析状況を摑んで離さず、治療が本当に終わってしまうという錯覚から離れていることは容易なことではないだろう。

しかし、少し落ち着いて考えると、自分の置かれた立場がわかってくる。何よりもまず、治

（b）［*'Häufig'*,（「しばしば」）。初版においてのみ、この単語は*'frühzeitig'*,（「初期に」）である。

（c）［初版においてのみ、（挿入文の性格をもつ）この段落は、小さな活字で印刷されていた。］

療の継続を妨害するものは何であれ抵抗のあらわれかもしれないという疑いをこころに留めよう。(d) 愛情に対する情熱的な要求の突出が、ほとんど抵抗の仕業であることは疑いえない。患者のなかに愛情に満ちた転移の兆候があることはずっと前から気づかれていたであろう。従順さ、分析的説明の受容、すぐれた理解力と高い知性を彼女が示しているのは間違いなく彼女の医師に対するこうした態度に帰すべきものだ、と感じることもできたのかもしれない。ところがいまやこうしたすべてが一掃される。彼女はすっかり分別をなくし、自らの愛に呑み込まれているように見える。もうひとつ言えば、この変化はきまって、彼女の生活史のなかでとりわけ苦痛で強く抑圧している部分を彼女に認めさせたり想起させたりすることを試みねばならない、まさにそのときに生じるのである。こうしてみると、もう長いこと彼女は恋をしていたのである。しかしいまや抵抗が、治療の継続を阻みあらゆる関心を分析の仕事から逸らし分析家を厄介な立場に置くために、その彼女の愛情を利用し始めたのである。

その状況をさらに詳しく検討すると、事態をさらに複雑にする動機の影響を認識できる。その動機のうちのあるものは恋に落ちることに関連し、あるものは抵抗の特定の表出と関連する。前者のなかには、患者が自らの抗いがたい魅力を確認し(二)、医師を愛人という地位に引きずりおろすことでその権威を打ち砕き、愛情満足に付随するはずのその他いっさいの利得を手にしようとする努力がある。他方、抵抗について言えば、ときに患者の側の愛の告白を分析家の厳格さを試す手段として利用するとも考えられる。もし分析家がそれに屈する徴候を示せばそのことで非難されることになる。しかし、何よりも増して抵抗が秘密工作員として活動しているという印象がある。つまり抵抗は、患者の恋愛状態を強め性的に身を任せたい気持ちを強調してみだらな行為の危険性を指摘することで、抑圧の働きをいやが上にも正当化するのである。(e) よ

(d)〔すでにフロイトは『夢の解釈』の初版（一九〇〇a）、『標準版』一五巻五一七頁のなかでより断言的にこのことに言明している。しかし一九二五年に彼はこの一節に長い脚注を加えてその意味を説明し、その中で彼が表現のために使用した言葉づかいを限定した。〕

(e)〔『標準版』一二巻一五二―三頁（本書六九頁）参照。〕

り単純なケースでは、これら副次的動機のすべては現われないかもしれない。しかし周知のように、アドラーはそれら副次的動機をその過程全体の本質的な部分と見なしたのである。(f)

しかし、このような性愛転移にもかかわらず治療が遂行され、その転移をうまくこなしていくべきだと分析家が確信しているとすれば、この状況で手ひどい失敗に陥らないようにするには、彼はどのようにふるまえばよいのだろうか。

一般的に受け入れられている道徳的規準を強調するとか、どのような状況であっても分析家は自分に差し出された情愛のこもった気持ちを受け入れたり応じたりしてはならないとか主張するとすれば、それはたやすいかもしれない。つまり受け入れたり応じたりするかわりに、分析家は自分を恋する女性の前に社会道徳の要請と断念の必要性を差し出し、彼女の欲望を放棄させることに成功すべきときが来たと考えねばならないし、彼女の自己の動物的側面を乗り越えて分析の仕事を続けさせねばならないということになる。

しかし私はこうした期待は満たさない。第一のものも第二のものも満たさないのである。第一の期待を満たさない理由は、私はこの論文を、患者のためにではなく、闘わねばならない重大な困難を抱えた医師のために書いているからであり、またこの場合、道徳の処方は遡ればその源泉、つまりご都合主義にたどりつくことができるからである。私はこの場合、道徳による禁止を、分析技法を顧慮することで結果を変えずに置き換えることのできる幸運な立場にある。

しかし私はより断固として、上述の第二の期待を満たすことを退ける。患者が性愛転移を告白するやいなやその欲動を抑制したり断念したり昇華したりするよう促すことは、分析的な取り扱い方ではなく無分別である。それはまさに、あたかも巧みな呪文によって霊魂を冥界から呼び出しておきながら、ひとつの問いも発することなく再び冥界に送り返そうとするようなも

(f)［アドラー、一九一一、二二九頁参照。］

のである。それでは単に、恐怖によってもう一度抑圧するだけのために、抑圧されていたものを意識に持ち込んだことになるだろう。こんなやり方がうまくいくなどと自分自身を欺いても仕方ない。知ってのとおり、情熱は高尚な言葉によってほとんど影響されない。患者はただ屈辱を味わうだけで、必ずや復讐に出るだろう。

人によってはとりわけ賢明だと思われるかもしれない中間の道があるが、これもまた同様に私はあまり支持できない。そのやり方は、患者の好意的な気持ちに応えながらも同時に、いかなる身体的交渉も回避して関係をより穏やかな道筋に導いて、より高い水準に引き上げることができるようにすることである。この、その場しのぎへの私の反論は、精神分析治療は真実性に基づいているということである。この事実にこそ、精神分析の教育的効果と倫理的価値の大半が存在している。(三)この基礎から離れることは危険である。分析技法のしみ込んだ者であれば、医師が通常避けがたいと考える嘘や見せかけをもはや利用することはできない。仮に善意でそのようなことをしようとしても、彼はやすやすと本音を出してしまうであろう。患者に厳密な真実性を要求する以上、真実から逸脱している私たちを患者に摑まれてしまえば、一切の権威は危険にさらされる。それに加えて、患者に対する愛情に満ちた気持ちで少しだけ歩みを進めてみようという試みもまた、危険がないわけではない。自分自身に対する私たちの制御はそれほど完璧ではないので、以前意図していたところよりも遠くまで、ある日突然ではなく行ってしまうこともありうる。(四)したがって私の意見では、逆転移を抑制することを通して獲得した患者に対する中立性を放棄すべきではないのである。

すでに理解されているだろうが、分析技法が医師に対して求めるのは、愛情を切望する患者に対して彼女の要求する満足を拒むべきだということである。治療は禁欲のうちに行われなければならない。このことで私が言いたいのは、身体的な禁欲だけではないし、また患者が求めるすべてを剝奪することでもない。なぜなら、おそらく病人はそのような剝奪に耐えられないからである。むしろ私が基本規則として述べようとしているのは、患者のニードと切望が彼女の仕事と変化を推進するために彼女のなかに存続することが許されねばならないこと、私たちが代用品によってそれらのもつ力を宥めないよう用心すべきであることである。私たちが提供できるとしてもそれは代用品以外の何ものでもない。なぜなら、患者の状態は、抑圧が解除されるまでは、現実的満足を得ることのできないようなものだからである。

禁欲のもとで行われる治療というこの基本規則は、ここで考察している転移性恋愛の場合をはるかに越えて広がっており、その可能な適用の限界を定めるためには徹底した議論が必要であることを認めておこう。(g) しかし、いまはそのことには立ち入らず、私たちが出発点とした状況にできる限り近いところに留まろう。もし医師が違った態度を取ったならば、医師も患者も自由であるからといって医師が患者の愛に応えて愛情へのニードを満たすためにその自由を利用したならば、どんなことが起こるだろうか。(五)

医師が自分の側の追従によって患者に対する優越性を確実にし、それによって治療に必要な課題を遂行するよう彼女に影響を与え、そうすることで彼女を神経症から永久に解放することができるという計算によって導かれていたならば、必ず経験はその計算が誤りであることを彼に示すだろう。患者は**彼女の**目的を達成することになるだろうが、医師は決して**彼の**目的を達成することはない。医師と患者のあいだで起きることは、滑稽な逸話のなかで牧師と保険代理人に起こったことに過ぎない。その保険代理人は無神論者で、臨終の床にあった。彼の親族は死ぬ前に彼を回心させようと聖職者を連れてくることを強く主張した。面会は長く続き、外で

(g) 〔フロイトはブダペスト大会における論文(一九一九a)、『標準版』一七巻一六二―三頁で再びこの主題を取り上げた。〕

待っている者たちは希望を抱き始めた。ついに病室の扉が開いた。無神論者は回心しなかった。しかし牧師は保険に入って立ち去った。

患者の求愛が応じられたとすれば、彼女にとっては大勝利かもしれないが、治療にとっては完全な敗北である。彼女はすべての患者が分析中に渇望していることに成功したことになる。すなわち、彼女は行動化、つまり実人生のなかで反復することに成功した。だがそのことは、想起し心的素材として再生し心的事象の領域の内部に保持しておくべきことだったのである。(3)(六)その愛情関係のその後の経過において彼女は、彼女の性愛的生活のすべての制止と病的反応を持ち出してくることになるだろう。そこには性愛的生活への理に適った反応もなければ、性愛的生活の制止や病的反応を修正する可能性もない。そしてこの悲惨なエピソードは、悔恨と抑圧傾向のいっそうの強化のうちに終わる。つまり、愛情関係は実際に、患者が分析治療から影響を受ける可能性を打ち砕くのである。この両者の結合などばかげている。

それゆえ、患者の愛への渇望が満たされるなら、それが抑制される場合と同じくらい、精神分析にとっては破滅的なことである。分析家がとるべき道はそのどちらでもなく、その道には現実生活における雛型が存在しない。転移性恋愛を避けたり追い返したり、患者にとって不快なものだと感じさせたりしないように気をつけねばならない。しかし、それに応じることも決然として差し控えねばならない。転移性恋愛をしっかり摑まえておかねばならないが、現実的でない何かとして扱わなければならないのである。つまり、治療のなかで通過され、その無意識の源泉へと遡られるべき状況として扱うのである。その状況は患者の性愛生活の最も深いところに隠されているものすべてを意識にのぼらせ、そのことによってそれを自分の支配下に置くことを手助けしてくれる。(七)分析家がどんな誘惑にも負けないと明瞭に見なされれば見なされ

(3)「想起すること、反復すること、ワークスルーすること」『標準版』一二巻一五〇頁(本書六六頁)」を見よ。

るほど、その状況から分析的内容をより素早く抽出することができるだろう(八)。患者の性的抑圧はまだ取り除かれず、ただ背後に押しやられているに過ぎない。こうして彼女は恋愛の前提条件のすべて、性的欲望から湧き起こる空想のすべて、恋愛状態の詳細な特徴のすべてを明るみに出しても十分に安全だと感じる。そしてこのことから彼女は自分の愛の幼児的源泉への道を自ら開くことになる。

確かに、ある種の女性の場合には、分析の仕事という目的のために性愛転移を満足させることなく保持するというこの試みがうまくいかない。こういう女性は根本的に情熱的であり、代用品では我慢できない。彼女たちは自然児で、物質的なもののかわりに心的なものを受け取ることを拒否する。詩人の言葉を借りれば、「議論団子入り論理スープ」にしか近づけないのである。そのような女性たちに対しては、その愛に応えるか、それとも拒絶された女性の強い敵意を引き受けるかの選択しかない。いずれの場合にも治療の利益を守ることはできない(九)。不首尾のまま撤退するしかなく、できることと言えば、神経症になる能力がこれほど手に負えない愛へのニードといかにして結びつくのかという問題を思いめぐらすことだけである。

多くの分析家には、愛においてそれほど激烈でないそのほかの女性たちに徐々に分析的態度を受け入れさせることができる方法について、疑いのない意見の一致がある。私たちがすることとはとりわけ、この「愛」のなかにある紛れもない抵抗の要素を患者に対して強調することである。私たちは言う。本物の愛であれば自分の恋している男性が期待しているという理由だけで従順になり、自分という事例の持つ問題を喜んで解決しようという気持ちを強めるはずである、と。この場合、彼女は医師に自分の価値を認めてもらって現実生活に向けて準備するために、治療を完了する道を喜んで選ぶのではないだろうか。その現実生活のなかでこそ、この愛という感情は本来あるべき場所を見出しうるはずである。ところがそうなるどころか、指摘できることは、彼女が頑なで反抗的な面魂を見せ、治療に対するあらゆる関心を放棄し、根拠が十分な医師の確信に対する敬意を明らかに感じなくなるということである。このようにして彼女は、医師を恋するという偽装のもとに抵抗を産み出す。その上、医師を二進も三進も行かない状態に陥れることになんのやましさも感じない。なぜなら、医師がその任務と分別にしたがって彼女の愛を拒むなら、彼女は振られ女の役を演じることができ、いま見せかけの愛によってそうしているように、今度は復讐心と憤怒によって医師の治療的努力から撤退できるのである。

この愛がもつ本物性に対する第二の反論として、それが現在の状況から生じる新しい特徴をひとつとして示さず、幼児的なものを含む早期の反応の反復と模写によってまるごと成り立っているという事実を挙げよう。恋の最中の患者の態度の詳細な分析がこのことを証明すると請け合ってもよい。

これらの論点を踏まえた上で必要量の忍耐が加えられれば、たいていは困難な状況を乗り越え、穏やかになったり姿を変えたりした愛について分析の仕事を続けることができる。そのときその仕事は、患者の幼児的対象選択とそれにまつわる空想を明らかにすることを目標とする。しかしながらここで私は、こうした議論を批判的な目で検討し、患者にそのように提示するときに本当に私たちは真実を語っているのか、それとも苦し紛れに隠蔽や歪曲という手段に訴えてはいないかという疑問を提起したいと思う。言い換えればこうである。分析治療において顕在化する恋愛状態が現実のものではないということは真実だと言えるのだろうか。(一〇)

思うに私は患者に真実を告げてきた。とはいえ、結果におかまいなく真実のすべてを告げたわけではない。先のふたつの論拠のうち第一の論拠のほうが強力である。転移性恋愛において抵抗が果たす役割は、疑う余地がないし十分に考慮に値する。しかしそうは言っても、結局のところ抵抗がこの愛を**創造**したのではない。抵抗はたまたまそれを手に取り、それを利用し、その姿を誇張する。それに、抵抗だからといって、この現象が本物ではないと立証されるわけでもない。第二の論拠ははるかに弱い。この愛が古い特性の新版から成り立っており、幼児的反応を反復していることは確かである。しかしこれは、どんな恋愛の状態においても本質的な性格である。幼児期の原型を再現しない恋愛など存在しない。恋愛が病的なものにぎりぎりにまでに近い強迫的な性格を受け取るのは、まさにこの幼児的決定要因からなのである。転移性恋愛は日常生活で生じる正常と呼ばれる恋愛よりもひとつ自由度が少ない。また、より明瞭な幼児的パターンへの依存を示し、より適応性が乏しく修正困難である。しかしそれだけのことであり、本質的なことではない。

では、愛の本物性は他のどのような徴候によって見分けられるのだろうか。効力、すなわち愛の目標を達成するための有用性なのだろうか。この点で転移性恋愛が他の恋愛に引けをとっているようには見えない。転移性恋愛から獲得できないものなど何もないという印象さえもつ。

それでは要約しよう。私たちには分析治療の経過中に出現する恋愛が「本物の」愛の性格をもつことに異議を唱える権利はない。転移性恋愛が正常さを欠いているように見えるとしても、分析外の日常生活における恋愛も正常というよりは異常な心的現象に近いという事実によって、このことは十分説明される。だがそうはいっても、転移性恋愛はそれに特別な立場を保証してくれるいくつかの特徴によって性格づけられている。まず第一（一二）に、分析状況によって喚起される。第二に、その状況を支配している抵抗によって強化される。そして第三に、現実への配慮が高度に欠如し、正常な恋愛であれば認めてもよいとされるよりも分別がなく結果を考慮せず、愛している人物のその恋愛への評価に対して盲目である。しかし忘れてはならないのは、こうした基準からの逸脱こそがまさに、恋愛において本質的であるものをかたちづくるということである。

分析家の行動方針という点から見ると、転移性恋愛のこの三つの特徴のうち第一のものが決定的な要因である。彼が神経症を治すために分析治療を開始したことによって、この恋愛を誘発したのである。彼にとってこれは、患者の体を露出させたり由々しい秘密を打ち明けられたりすることと同様、医療状況のもたらす不可避な結果である。それゆえ、分析家がこの恋愛かららどんな個人的利益も引き出してはならないことは、彼にとって明白である。患者が乗り気であろうとなかろうと違いはない。すべての責任はひとえに分析家にかかっている。実際、患者には転移性恋愛以外の治癒の機制の用意がなかったことを分析家は知っておくべきである。すべての困難がうまく克服された後になって患者は、お行儀良くしていれば最後には医者の愛情というご褒美を与えられるだろう、という内容の予期空想を治療が始まった頃抱いていたことをしばしば告白する。

医師にとっては、倫理的動機が技法的動機と結びついて、患者に愛情を与えないように抑制するのである。彼が見据えておかねばならない目標は、幼児的固着によって愛する能力が障碍されている女性が自分にとって計り知れないほど重要な機能を自由に行使できるようになることであり、とはいえそれを治療のなかで使い果たしてしまうのではなく、治療後に現実生活でその要請が感じられるときのために準備しておけることである。ソーセージの花輪が賞品になっているドッグレースで、ひょうきん者が一本のソーセージをトラックに投げてレースを台無しにするような情景を上演してはならないのである。当然ながらそんなことをすればその結果として、犬はソーセージに飛びつき、レースのことも遠くで勝利に彼らを誘う花輪のこともみんな忘れてしまう。私は、医師が倫理と技法の定める制限の範囲内に留まることがいつでも簡単であると言うつもりはない。特に、まだ若く、強い絆で結ばれてない人たちはそれを大変な課題と感じるだろう。疑いもなく性的愛情は人生において主要な事柄のひとつであり、愛の喜びにおける心的満足と身体的満足の統合はその絶頂のひとつである。少数の風変わりな狂信者を除けば、世界中の人がそのことを知っているし、そのように生活を送っている。科学だけがお上品すぎてそのことを認めることができないのである。さらに言えば、女性が愛を求めているのに、それを断ったり拒んだりするのは男性にとっては苦しい役回りである。神経症や抵抗があるにせよ、情熱を告白する気品のある女性には、比べるもののない魅力がある。誘惑をかたちづくるのは患者のむき出しの官能的欲望ではない。むしろそういったものは嫌悪感を引き起こし、それを自然な現象と見なそうとするなら、ありったけの寛容が必要になるだろう。おそらくむしろ、女性のより微妙で目的阻止的な願望こそが、甘美な体験のために技法と医師の任務を忘れさせる危険をもたらすのである。

そうは言っても、分析家が屈するなどということは全く論外である。分析家がどんなに高く愛を評価しようとも、それ以上に、患者を援助して人生における決定的な段階を乗り越えさせる機会のほうを重んじなければならない。患者は分析家から快原則を克服することを学ばなければならない。つまり、手の届くところにありながらも社会的に受け入れられない満足を断念し、もっと距離のある満足、おそらく概して不確実であるが、心理的にも社会的にも非の打ちどころのない満足を選ぶことを学ばなければならない。この克服の達成のために、彼女は精神発達の最早期を通過するように導かれねばならない。そしてその途上で、いままでもっていなかった心的自由を獲得し、それによって、意識的心的活動を無意識的心的活動から——システムという意味で——区別するのである[h]。

こうして精神分析家は三重の闘いを行うことになる。すなわち、分析家の内部では、彼自身を精神分析の水準から引きずりおろそうとする力に対する闘い、精神分析の外部では、性的欲動の重要性に異議を唱え、その性的欲動を分析家の科学的技法において利用させないようにする反対者に対する闘い、そして分析の内部では、最初は反対者と同じようにふるまうが、やがて自分たちを支配している性生活を過大に評価していることを露わにし、分析家を社会的に調教されていない熱情の虜にしてしまおうとする患者たちに対する闘いである。

最初のところで専門家でない一般の人たちの精神分析に対する態度について語ったが、彼らは疑いなくこの転移性恋愛に関する議論を、世間の注意をこの治療法の深刻な危険に向けるためのもうひとつの機会だとして飛びつくだろう。精神分析家も、自分がきわめて高い爆発力と取り組んでいる[一二]ことや、化学者と同じくらいの注意と細心さをもってことを進める必要があることはわかっている。しかしいったいいつ化学者が、爆発力があるからこそ必要不可欠な爆発物の取り扱いを、危険だからといって禁じられたというのだろう。精神分析が、長いあいだ他の医学活動には与えられてきたあらゆる権利をあらためて自分で勝ち取らねばならないとは、驚くべきことではないだろうか。無害な治療法を放棄することに賛成しないのはもちろんのことである。多くの場合、そういった治療法で十分であるし、結局、人間社会にとって**治療者の熱情**[i]も他の熱狂と同じように無用なのである。しかし、精神神経症が無害で些細な手段を駆使することで克服できると考えることは、その起源と実践上の重要性からみてその障碍に対す

(h) [この区別は以下で説明されている、『標準版』一二巻二六六頁。]

(i) [“furor sanandi”]

る大幅な過小評価である。それは間違っている。医学的実践においてはいつも、「薬 *medicina*」と並んで「鉄 *ferrum*」と「火 *ignis*」の余地があるだろう。(j) 同様に私たちは、最も危険な心的衝動を扱い患者の利益のためにそれらの制御を獲得することを恐れない、厳密に標準的で薄められていない精神分析なしで済ますことは決してできない。

(j) [*Aphorisms*、七巻八七頁（英訳一八四九年）のヒポクラテスものとされる格言のほのめかし、「薬が治せない病気は、鉄（ナイフ?）が治す。鉄が治せない病気は火が治す。火が治せない病気は全く治せないものと見なされることになる」]。

監訳者注

（一）ここでの「専門家としての慎重さ」はGWで ärztlichen Diskretion、SEでは professional discretion である。GWの ärztlichen は「医師の」であり、SEは professional「職業的」である。ストレイチーのこの訳語選択の意図は不明だが、全体としてこのフレーズは岩波版が「守秘義務」と訳しているように、転移の素材の公表についての配慮を意味すると考えるのが、全体の文脈からみて妥当である。

（二）人文版は「婦人患者が何ものにも動かされない力を確保」。これは単純な誤訳である。

（三）人文版のみ「教育」という言葉を使っていない。GW、SEともに「教育」に相当する言葉があり、岩波版も「教育」を使っている。

（四）人文版のみ「意図を越えてそのあと止まることはできない」としている。GW、SEはつい意図を越えるかもしれないというニュアンスであり、誤訳だろう。

（五）人文版は「こころの満足」。GW、SEともに満足を心的なものに限定する言葉は見当たらない。岩波版も単に「満足」としている。文脈からみて本能的欲動の満足であるから、「こころ」に限定することには疑問がある。

（六）人文版は完全に誤訳している。GW、岩波版、SEと全く違っている。「記憶を（言語的に）想起し、精神的材料として再生し、実生活に（行為的に）反復」できたというのだが、これは文意を完全に取り違えている。

（七）人文版は「助けなければならない」。GW、SE、岩波版とも主語は「状況」だと読める。人文版では分析家としか読めない。分析家側の関与、「操作」の強調は人文版に一貫しているが、ここは誤訳だろう。

（八）人文版は「自分が誘惑から負けないという印象をもつ」とあり、GWからみて明らかな誤訳。岩波版は「抽出する」（人文版と共通）のところを「守る」としている。GWでは entziehen であり、おそらく誤訳。SEは extract であり「抽出」と一致。

（九）人文版のみ「関心」と訳しているが、GW、SEとも複数形であり、「利益」の方が適切。
（一〇）以上の段落はSEにはあるがGWにはなく、前段落と続いている。おそらくストレイチーが段落分けしたのであろう。ここの段落はそれまでの論旨を唐突に再検討するという趣旨であり、あっけにとられるものがある。この段落がそうした切れ目であることを明示するための段落分けではあるまいか。
（一一）GWは、一、二、三と箇条書きにしている。SEは〝In the first place〟〝Secondly〟〝thirdly〟としている。
（一二）ここではこの「取り組む」に人文版だけでなく岩波版も「操作」を充てている。

精神分析治療中の誤った再認識（「すでに話した」）について（一九一四）

分析治療中にまれならず起きることとして、患者が思い出した事実を報告した後に「でもこのことはすでに話しましたよね」と続け、その一方で分析家自身はその話を聞いたのがはじめてだと確かに感じるということがある。患者はその点について反駁されるとしばしば、自分は絶対正しい確信がある、誓ってもよい、などと力を込めて抗議する。その一方で、分析家自身の聞いたことが新しいことだという確信は、患者が力を込めるほど強くなってくる。この言い争いに決着をつけようとして患者を怒鳴りつけたり反論したりして打ち負かそうとするのは、まるきり非心理学的なやり方であろう。自分の記憶が正しいという確信の感覚には、何の客観的価値もないということは誰もが知る前提である。当事者ふたりのうちどちらか一方が必ず間違っているに違いないのだから、記憶錯誤に陥っているのが医者であることも患者であることもありえる。分析家は患者にそのことを認め、論争を中断して、その点についての決着をいつか後の機会まで延期することになる。

数は少ないが、分析家自身が問題となっている話の断片をすでに聞いていたことを思い出し、同時にこの一時的な忘却に導いた主観的でしばしば無理のある理由を見出すことがある。しかし、多くの場合、誤っていたのは患者であるということが分かってくる。やがて彼は事実を認めることにならざるをえない。このしばしば起きるできごとの説明は、以下のようであるらしい。すなわち、患者は実はこの話をする**意図**をもっていて一度ならずこの話につながっていくような発言までは実際にしたのだが、抵抗によってその目的を遂行することを妨げられ、後になって話そうとした意図についての記憶とその実行についての記憶とが混同されてしまったのである。

なんらかの疑いの要素が残っている事例をひとまず置いておいて、ここでは私は特に理論的な関心をひく、それ以外のいくつかの事例を前面に出してみよう。ある種の人々に起きることでそれが繰り返されることもあるのだが、自分は分析家にもうこの話やあの話をすでに伝えたのだと特に頑固に主張することに執着するが、その状況や問題になっている話のありようから見て、彼らが正しいことはまずありえないといった場合がある。というのは、彼らが分析家にすでに伝えたと言い張っている事柄や自分のみならず分析家にとってもなじみがあるはずの既知のことだと認識していると主張する事柄が、分析にとってきわめて重要な記憶だということが分かってくるからである。つまりそれは、分析家が長く待ち望んでいた証拠となる事実であったり、分析作業のある部分全体を終了させ彼がさらなる議論の根拠とすることもできたはずの解決であったりする。こうしたことを考慮するうちに、やがて患者自身が自分の記憶が間違っていたに違いないと認めることになる。しかし、その記憶のもつ鮮明な性質（一）を説明することはできない。

こうした事例で患者が示す現象は「**誤った再認識** *fausse reconnaissance*」と呼ぶことが妥当だろう。それは、他の事例において生じ、「**既視感** *déjà vu*」と記述されてきたことに全くよく似ている。これらの事例においては、主体は「以前この状況にいたことがある」とか「このことはすべてすでに経験したことだ」といった自発的感覚をもつが、以前の状況に対する実際的想起を見出すことによって彼の確信を証拠立てるような立場には決してないのである。よく知られているように、この後者の現象は多くの説明の試みを触発してきた。それは大まかに言ってふたつのグループに分けることができる。(1) 説明のひとつの種類は、その現象を構成する感覚を信用が置けるものと見なし、何かが実際に思い出されたのだと想定する。すると、何が思い出されたかだけが問題なのである。第二のはるかに数の多い説明の種類はそれに反して、扱わねばならないことは実在しない記憶であり、問題はどのように記憶錯誤が起こりえたのかを見出すことであると主張する見解である。この後者のグループを構成するものは、非常に多岐にわたるさまざまの仮説である。たとえば、既視感という現象は主体が前世をもっていた証拠であるというピタゴラスによると考えられる古代の見解がある。また、解剖学に基づいて、二つの脳半球の機能の同時性の欠如に基づいているという効果に向けた（ウィガンによって一八六〇年に提起された）仮説がある。そして最後に、最近の専門家の多数によって支持されている純粋に心理学的な理論がある。それは、既視感を一種の統覚の弱さの指標と見なし、その出現についての責任を疲労や消耗や注意散漫といった原因に帰するものである。

一九〇四年、グラッセは、既視感についてのひとつの説明を提唱した。それは前者のその現象を「信用する」派のひとつに数えられるべきだろう。彼の意見ではこの現象が示すものは、以前のあるときに**無意識的**な知覚が存在し、ある種の新たな類似の印象の影響のもとに今になってようやく意識に入り込んできたということである。何人かの専門家たちもこの見解に同意し、この現象の基礎は夢見られたのちに忘却された何かの想起であると主張してきた。どちらの場合においても、それは無意識的印象の活性化という問題であろう。

(1) この主題についてのもっとも最新の文献目録の一つは、ハヴロック・エリス（一九一一）に見出される。

一九〇七年、『日常生活の精神病理学』(一九〇一b、第七章(D))第二版において、私はこの形の見かけ上の記憶錯誤について、グラッセの論文に言及することもその存在も知ることもなく、ちょうど同じような説明を提起した。弁解として言わせてもらえば、私がこの結論にたどり着いたのは、ある女性患者において既視感の一例を精神分析的に探求することができた結果なのである。それは、二八年[a]も前に起きたことだが、きわめて明瞭であった。そのささやかな分析をここで再生しようとは思わない。その分析が明らかにしたのは、既視感が生じた状況がその患者の以前の体験の記憶がよみがえるためにまさにぴったりであったということである。その患者は当時一二歳の子どもで、ある家族を訪れていた。その家族のなかには男の子がいて、深刻な病にかかっていてまさに死の寸前であった。また、彼女自身の兄弟も数カ月前、似たような危険な状態にあった。しかし、これらふたつの類似のできごとのうち先に起きていたできごとには、意識に入ることのできない空想が付随していた。すなわち、自分の兄弟が死ねばよい、という願望である。結果として、ふたつの状況のあいだの類似性は意識にのぼらなかった。それで、類似性の知覚は「このことは皆以前に経験したことがある」という現象に置き換えられ、同一性というものは現実に共通している要素の同一性から場所の同一性へと置き換えられたのである。

この「既視感 *déjà vu*」という名称は、知っての通り、類似の現象の全体的一群へと適用できる。たとえば「既聴感 *déjà entendu*」、「既体験感 *déjà éprouvé*」、「既感覚感 *déjà senti*」のようにである。数多くの似た例のうちのひとつの例として私がここで報告しようとしている事例は、「**すでに話した** *déjà raconté*」である。それは遂行されなかった無意識的決断へと遡ることがで

(a) [これは、おそらくドイツ語版における誤りで「二五」が正しい(『日常生活の精神病理学』における説明を見よ)。]

きよう。

ある患者が[b]、連想のなかで次のように私に言った。「庭でナイフを使って遊んでいたとき（それは五歳のときだったのですが）、小指を切り落としてしまいました。いや、それは切り落とされたって思っただけなんです。でもこのことはもう先生には話しましたよね。」

私は彼にそういった類のことをを聞いた覚えはないと断言した。彼は、さらに強い確信をもって自分が勘違いしているはずがないと主張した。最終的には私は冒頭で述べたやり方でその論争を打ち切り、とにかくその話を繰り返すように彼に頼んだ。そうすれば事態がわかってくるだろうから、と。

「私が五歳だったとき、庭の子守女のそばで遊んでいました。それで、自分のポケットナイフで、夢にも出てきた胡桃の木の幹に切り込みを入れていました[2]。突然、声にならないほどの恐怖とともに、自分の（右手か左手かの）小指を皮一枚でぶらさがるくらいに切ってしまったことに気づいたのです。痛みは感じませんでしたがものすごく怖かったです。子守女に話しかけようとさえできませんでした。たった数歩先にいたのですが。一番近くにあった椅子に崩れ落ちて、指をもう一度見ることもできないまま座っていました。やっと落ち着いて、指を見てみました。すると何にも傷ついていないことがわかったんです。」

まもなく私たちは、彼が考えていたこととは違って、この視覚像あるいは幻覚についての話を以前に私に話していたなどということはありえない、ということで意見が一致した。私がその話を聞いていたら、それを彼が五歳のときに**去勢恐怖**をもっていたことの証拠として利用しそこなうことなどなかっただろうということは、彼もよくわかっていた。このエピソードは去勢コンプレックスの存在を想定することへの彼の抵抗を打破した。しかし彼は、疑問を呈した。

（b）「この患者は「狼男」であり、その事例史はフロイト（一九一八b）で報告されている。そこでは、次の段落が第七節の終わり近くでほぼ全部引用されている。」

（2）「おとぎ話からの素材の夢のなかでの出現」（一九一三d）参照。のちの機会にもう一度その話を語ったとき、彼は次のように修正した。「私が木に傷をつけていたとは思いません。それは別の記憶との混同でした。それはきっと幻覚的に改竄されていて、木にナイフで切れ目を入れて、その木から血が流れ出してきたというのとごっちゃになっています」。

「なぜ私はこの記憶を以前に先生に話したとあれほど確信をもっていたのでしょうか。」

そこで私たちふたりに浮かんできたことは、何度となくさまざまなつながりのなかで彼が次のような些細な記憶を持ち出し、そのたびにそこから利益を引き出すことができなかった(三)ということである。

「私の伯父があるとき旅行に出るときに、私と姉におみやげに何が欲しいかを尋ねたことがありました。姉は本が欲しいと言い、私はポケットナイフが欲しいと言いました」。私たちが今になって理解したのは、何カ月も前に出てきていたこの連想が、実際には抑圧されていた記憶の隠蔽記憶であり、自分の小指、まがうことなき彼のペニスの等価物の想像上の喪失という話を語ろうとする（抵抗によって失敗に終わった）試みだったということであった。伯父が実際まさに彼に買ってきてくれたナイフは、彼がはっきり思い出すように、長いこと抑え込まれていたあのエピソードに出てくるナイフと全く同じものであった。

このささやかなできごとが、「誤った再認識」いう現象に光を当てるかぎりにおいて、その解釈にこれ以上何も付け加える必要はないであろう。患者のもった視覚像の内容に関していえば、とりわけ去勢コンプレックスの関連においては、同様の幻覚的改竄はまれならず起こることであり、望ましくない知覚を修正する目的にも同様に容易に役立つのである。

一九一一年、大学教育を受けドイツの大学町に住んでいる、知り合いでもなく年齢も知らない男性が、自分の子ども時代についての記録を私の役に立ててほしいと送ってきた。

「レオナルド・ダ・ビンチに関するあなたの研究（一九一〇c）を読んでいるうちに、第三章の始まり近くの観察によって、それは違うのではないかという気持ちが内心生じました。男の子が自分自身の性器に関する関心に支配されているというあなたの断言は、『それが原則ならば、ともかくも私は例外だ』という趣旨の反論を呼び起こしました。そこで私はその後を読み進め、この上ない驚嘆を覚えました。全く新しい性質をもつ事実と遭遇したときに感じるような驚嘆です。その驚嘆のまっただなかで、ある記憶が私のこころに浮かんできました。それで私自身びっくりしてしまったのですが、その新奇に思えた事実が先ほどそう思えたようには新奇なものに思えなくなってしまったのです。というのも、『幼児期の性的探求』の時期を通過しているまさにそのとき、私は幸運にも自分と同年代の女の子の女性器を正視する機会に恵まれました。そのとき**私は自分と同じようなペニスをきわめてはっきりと見てしまった**のです。その後まもなくして女性の彫像や裸体画をいくつか見たことによって、新たな混乱におそわれました。この『科学的な』不一致を乗り越えるために次の実験を工夫したのです。私は太腿をしっかりくっつけて挟み込むことで、自分の性器をその両方の腿のあいだに消滅させることに成功しました。そして私は、そうすることで私自身の外見と女性の裸体画のあいだの相違を消し去ることができると考えて喜びました。私は女性の裸体画では性器は同じように消し去られたのだろうとひとり考えていました。」

「ここでもうひとつの記憶が私に浮かびました。それはいつも私にとって重要であり続けてきたものです。私が幼いときに亡くなった、母について思い出せることのすべてをかたちづくっている三つの記憶のうちの**ひとつ**だからです。母が洗面台の前に立ってコップや洗面器を洗っていたのを覚えています。そのあいだ私は同じ部屋で遊んでいて、ちょっとしたいたずらをしました。罰として私はしたたかに手を叩かれました。すると恐ろしいことに私の小指が落ちたのが見えました。実際バケツのなかに落ちてしまったのです。母が怒っているのがわかっていたので、何も言い出せませんでした。しかし、そのバケツがそのあとすぐに女中に運ばれてしまうと、私の恐怖はさらに強烈なものになっていきました。長いあいだ、私は指を失くしてしまったと思い込んでいました。私が思うに、数を数えられるようになるまでです」。
「私はこれまでこの記憶を解釈しようと何度も試みました。すでに述べたように、その記憶は母とのつながりという点でずっととても重要なものだったからです。しかし、自分の解釈はどれも満足いくものではありませんでした。しかしあなたの本を読んでいまはじめて、この難問に対しての簡潔で満足のいく答えの可能性を感じはじめています」。

もうひとつの誤った再認識が治療の終了間際に現れて、医者の満足につながることもまれではない。（現実的なものであれ心理的なものであれ）抑圧されたできごとをすべての抵抗に抗って患者に受け入れさせることに成功した後、いわばそれをもう一度もとの姿でよみがえらせることに成功した後、患者はこう言うこともある。「**今となってみれば、そのことはこれまでずっと知っていたように感じます**」。この言葉をもって分析の仕事は完結したのである。(c)

（c）「異なった説明とともに、夢における既視感の特別な事例についての短い言及が、『夢の解釈』第六節E（『標準版』五巻三九九頁）に見られる。」

監訳者注

（一）人文版は「事情をはっきり認識すれば」と訳している。岩波版はほぼＳＥと同じ訳であり、ＧＷも同様に読める。人文版は誤訳か。

（二）ＳＥの illusory memory をこう訳した。ＧＷでは Täuschung der Erinnerung であり、人文版、岩波版は「記憶の誤り」、「想い出の惑乱」としている。

（三）人文版は「正直に話していた」。ＧＷと一致せず、誤訳。

終わりのある分析と終わりのない分析（一九三七）

I

精神分析療法、(一)すなわち、ある人物をその神経症症状、制止、そして性格の異常から解放することが非常に時間のかかる仕事であることは、経験を通じてよく知られている。そのため、ごく初期から、分析の期間を縮めるための試みがなされてきた。そのような努力には正当化の必要はなかった。そうした試みは合理性と便宜性に関するたいへん強い配慮に基づいている、と主張することができたからである。しかし、そうした努力には、かつての医学が神経症を目に見えない損傷の望ましくない結果であると考えるときの、あの性急な軽蔑の痕跡もおそらくまだ働いていた。いま神経症に対応しなければならないとしたら、何はともあれ早急に片付けるべきである。

この方向での特に精力的な試みはオットー・ランクによってなされ、それはその著書『出生外傷』（一九二四）に引き続くものであった。彼は、神経症の真の源泉は出生という営みであり、子どもの母親に対する「原固着」が克服されないままに「原抑圧」として存続してしまうという可能性をもたらしたと想定した。ランクは、この原外傷がその後の分析で扱われればその神経症全体が取り除かれるだろうという希望を抱いた。そうすれば、このわずかな分析の仕事によって、残りの全部の仕事の必要性がなくなることになる。数カ月もあれば、このようなことを達成するに十分だろう。ランクの議論が大胆で独創的であったことには異論はない。しかしそれは、批判的検証という試練に耐えることができなかった。さらに言えば、それはいわば時代の申し子であり、戦後のヨーロッパの悲惨とアメリカの「繁栄」(a)との対比の強調のもとに孕まれ、分析治療のテンポをアメリカン・ライフの慌ただしさに適応させようともくろまれていた。ランクのこの計画が病気の症例に適用された際にどのような影響をもたらしたかについては、私たちはあまり聞かされていない。おそらくそれは、石油ランプが倒れて火の手が回った家の対応に呼ばれた消防隊員が、そのランプを火元となった部屋から運び出すことで満足してしまったのと変わらないのではないだろうか。この手段によって、消防隊の活動がかなり短縮する効果が得られることは疑いないだろうが。ランクによる実験の理論と実践はいまや過去のものである――アメリカの「繁栄」そのものもそうであるように(b)。

　私自身は、戦前にすでに分析治療を速める別の方法を取り入れていた。当時私は、ある若いロシア人の症例を引き受けていた。それは富によって甘やかされて駄目になった男性で、全くなすすべもない状態でお抱えの医者と従者に付き添われて、ウィーンにやって来たのであった(1)。数年のあいだに彼は自立性をほとんど取り戻し、人生に対する関心に目覚め、自分にとって最も重要な人たちとの関係を調整することができた。しかし、そこで進展は止まってしまった。私たちは、のちの病気の基礎になっている彼の小児期の神経症の解明をそれ以上進められなかった。患者が現在の状態を非常に心地よいと感じ、治療の終わりに近づきそうな歩みを一歩も進めたくないと願っていることは明白であった。それは、治療が治療自体を制止しているという例であった。治療は――部分的な――成功の結果によって、失敗する危険に瀕していた。

（a）［原著では“prosperity”という英語で書かれている。］

（b）［これは、アメリカで起こった経済的な大恐慌のすぐ後で書かれた。よく考えられたフロイトによるランクへの批判が、『制止、症状、不安』（一九二六d）のなかに見られる。特に、『標準版』二〇巻一三五―六頁と一五〇―三頁を見よ。］

（1）患者の同意を得て出版された私の論文、「ある幼児神経症の病歴より」（一九一八b）を見よ。これはこの若い男性の成人期の病気についての詳細な記述は含んでいない。幼児神経症との関連において、それが絶対的に必要とされる場合に触れられているのみである。

このような窮地において私は、分析の期限設定を設けるという英雄的な手段に訴えたのである。(c) ある年の仕事を始めるにあたって私は患者に、この一年が治療の最後の一年であり、残された時間のなかで彼に何が達成できるかにかかわらずそうであると知らせた。最初、彼はそれを信じようとしなかったが、ひとたび私が本当に真剣であると確信すると、望まれていた変化が始まった。患者の抵抗は縮みあがり、治療の最後のこの数カ月に、彼はすべての記憶を再生することが可能になり、早期の神経症を理解し現在の神経症を克服するのに必要だと思われるつながりをすべて発見できた。一九一四年の真夏に彼が私のもとを離れたとき、私たちの誰もがその直後に横たわること(二)をほとんど予想していなかったのと同じように、私は彼の治癒が根本的で永久的であると信じていた。

この患者の病歴に一九二三年に付け加えられた脚注(d)ですでに、私は自分が間違っていたと報告している。戦争が終結に向かう頃、彼がウィーンに戻ってきたとき、彼は難民で貧窮者であったが、解決されていなかった転移の一部を彼が克服する手助けを私はしなければならなかった。これは数カ月で成し遂げることができ、私は以下のような記述で脚注を終わらせることができた。「その後患者は正常だと感じ、非の打ちどころのないふるまいをしている。戦争が故郷と財産と家族関係とのすべてを奪ったにもかかわらず」と。それ以来、この判断の正しさは反証されることなく、一五年が経った。だが、一定の留保が必要になってきた。患者はウィーンに留まり、ささやかであったが社会である地位を維持してきた。しかし、この間にも何度か、彼のよい健康状態は彼の持病となっている神経症から派生したとしか理解できないような病気の発作によって中断させられていた。とはいえ、私の弟子のひとり、ルース・マック・ブルンスヴィック博士の手腕によって、毎回短期間の治療でこうした状態を終わらせることはできた。

(c)［『標準版』一七巻一〇—一一頁を見よ。］

(d)［同書一二一頁。］

マック・ブルンスヴィック博士その人が、近いうちにその状況を報告してくれることを私は望んでいる(e)。これらの発作のなかには、転移の残遺部分になおも関連していたものがあった。そして、そのような場合には短命であったが、明らかにパラノイドな性格を示していた。だが、その他の発作においては、病因的素材は患者の子ども時代の生活史の断片から構成されており、それらは私が彼を分析していたときにはまだ白日のもとにさらされておらず、――喩えを用いることが避けがたいが――あたかも手術後の縫合糸とか壊死した骨の小さな断片のように、いまになって出てきたものであった。私はこの患者の回復の歴史は、彼の病歴そのものに勝るとも劣らないくらい興味深いものだと感じている。

私はこの後、この期限設定を設けるというやり方を他の症例にも採用し、他の分析家の経験についても考慮に入れてきた。この脅迫じみた手口の価値に関しては、ただひとつの判断しかありえない。それは、このやり方がそのための正しい時期にぶつけることができた場合においてのみ効果的であるということである。とはいえ、このやり方で課題が最後まで完璧に成就されるという保証もない。むしろ逆に、このような脅しの圧力によって素材の一部には接近可能になるかもしれないが、別の部分が押し留められ、そのためにいわば埋没させられ、治療的努力にとって失われたものになってしまうことは間違いない。ひとたび分析家が期限設定を課したならば、それを延長することはできない。さもなければ患者が分析家に寄せている信用はすべて失われるだろう(三)。最も明白な抜け道は、患者が治療を別の分析家と続けるということになろうが、そのような変更が時間の新たな喪失とすでになされた仕事の成果の放棄につながることを、私たちは知っている。また同様に、いつこのような強引な技法的工夫に訴えるのが正しいのかに関する一般的原則を定めることもまた困難である。決断は、分析家の勘にゆだねられ

(e)〔彼女の報告は、実はこの数年前にすでに出版されていた(ブルンスヴィック、一九二八)。この症例の後の病歴に関するさらなる情報については、『標準版』一七巻一二二頁の編注を見よ。〕

ねばならない。計算違いをしたら、もう正すことはできない。獅子は一度しか立たず、という諺がここにあてはまるのである。

II

精神分析のゆっくりとした進展をどのように速めるか、という技法的問題に関する議論は、私たちをまた別の、さらに興味深い疑問へと導いていく。分析には自然な終わりというものが存在するのだろうか、そもそも分析にそのような終わりがもたらされる可能性はあるのだろうか。分析家たちのありふれた会話から判断すると、どうもあるらしい。というのは、彼らが私たちと同じ人の子である患者について認識される不完全さを残念がったり言い訳したりするときに、しばしばこう口にするのを、私たちは耳にするからである。「あの患者の分析は終わっていない」とか「あの患者は最後まで分析されなかった」とか。

まずはじめに、私たちはこの「分析の終わり」という曖昧なフレーズが何を意味するのかを決めなくてはならない。実践的な立場から言えば、それは簡単に答えられる。分析家と患者が精神分析セッションのために会うのを止めたときに、その分析は終わりである。このことは、ふたつの条件がおおよそ満たされたときに起きる。第一は、患者がその症状に苦しむことがなくなり、その不安や制止を克服している。第二は、十分に抑圧された素材が意識化され、理解困難なことが説明され、内的な抵抗が征服されたことによって、関連した病的過程の反復を恐れる必要性がない、と分析家が判断している。もしも外的な困難によってこのような目標に到達できないならば、**終わっていない**分析と言うよりは、**不完全な**分析と言う方が望ましいだろう。

しかし、もうひとつの分析の「終わり」の意味は、もっとはるかに野心的なものである。この意味において私たちが問うているのは、分析が続行されたとしてもそれ以上の変化が期待できないほどの広汎にわたる影響を、分析家が患者に対して与えたかどうかということである。あたかも、分析という手段で絶対的心的正常性という水準に到達でき[四]、その水準が安定したままでありうると私たちが確信できているということのようである。ひょっとすると、私たちが患者の抑圧をすべて解消し、彼の記憶のすべてのギャップを埋めることに成功したかのようにである。私たちはまず、そのようなことが実際起こりうるのか、私たち自身の体験に尋ね、それから、そのようなことが起きうる**可能性**があるかどうか見出すために私たちの理論に向き合おう。

分析家は誰でも、このような満足できる結果を得た二、三の症例を治療したことがあるだろう。患者の神経症的な障碍を跡形もなく片付けることに成功し、それらが戻ってくることもその他の障碍によってとって代わられることもない。さらに私たちは、このような成功を決定する要因に対するいくばくかの洞察を持ち合わせていないわけではない。その患者の自我が顕著に変容[f]しておらず、障碍の病因が本質的に外傷的なものであったのである。とはいえ、すべての神経症的障碍の病因は、結局のところ混合的なものである。それは、欲動が過剰に強いか——すなわち自我による飼い馴らし[g]に反抗するということであるが——、未熟な自我が克服できない早期の（つまり早すぎる）外傷の影響か、という問題である。概してそこには両方の要因、体質的なものと偶発的なものとの組み合わせがある。体質的要因が強ければ強いほど、外傷はより容易に固着を導き、発達の障碍を後に残す。外傷が強ければ強いほど、たとえ欲動の状況

（f）［「自我変容」という考えは、本論、特に五節で詳細に論じられている。また、前述の編者の解説『標準版』二三巻二一一—二一三頁も見よ。］

（g）［この単語は以下、『標準版』二三巻二二五頁（本書一一二頁）で検討されている。］

が正常だとしても、その有害な効果はより確実に顕在化する。外傷的な類の病因の方が分析にとってより好ましい領域を提供することは、疑う余地がない。症例が主に外傷的なものであるときにのみ、分析はその最上の仕事をなすことに成功するだろう。そのときだけ、分析は患者の自我を強化したことの結果として、早期の人生における不適切な決定を正しい解決によって置き換えることに成功する。このような症例においてのみ、分析が完全に終わったと言うことができる。こうした症例では、分析はなすべきことをすべて終えたのであり、継続される必要はない。このように改善した患者が分析を必要とする障碍を二度と引き起こさない場合、彼が病気にならずにすんだことのどこまでが過酷すぎる試練を課さないでくれた親切な運命のおかげなのか、私たちに知るすべがないのも事実である。

体質的な欲動の強さと防衛的格闘のなかで獲得した望ましくない自我変容とは、それがねじ曲げられ制限されているという意味において、分析の有効性を損ない、その期間を終わりのないものにする要因となる。最初の要因、すなわち欲動の強さを二番目、すなわち自我変容の出現に対しても責任があると考える誘惑に駆られるのだが、後者にもまた、それ自体の病因があるように見える。そして、結局のところ、これらの事柄に対する私たちの知識が未だに不十分であることを認めざるをえない。これらはいまになってようやく分析的研究の主題になりつつあるところなのである。この領域においては、分析家の関心が全く間違った方向に向けられているように私には見える。分析による治癒がいかにして引き起こされるのかを探求する（これは十分に解明されてきていると私は考える）かわりに、そのような治癒に立ちはだかる障碍物は何なのか、という問いが発されるべきである。

このことは、分析の実践から直接的に引き起こされるふたつの問題に私を導く。それを以下のいくつかの例によって示したい。とある男性[五]は、彼自身分析を実践し多大なる成功を収めていたが、自分の男性との関係も女性との関係も――彼と競争関係にある男性たちおよび彼が愛する女性との関係であるが――神経症的な苦しみから解放されていないと結論づけた。そこで彼は、自分自身より優れていると感じる他の人物の分析を受けることにした[h]。自分自身への批判的解明は、完全な成功という結果をもたらした。彼は愛する女性と結婚し、彼のライバルだと思っていた男性たちの友となり教師となった。何年もがこのように過ぎ、その間、かつての分析家との関係は曇りないままだった。しかしその後、明白な外的理由もなくやっかいなことが生じた。分析を受けていた男性は分析家と対立し、自分に完全な分析を行わなかったとして非難した。分析家は転移関係が決して純粋に陽性でありえないという事実を知っているべきであったし、考慮に入れるべきであった、と彼は言った。陰性転移の可能性にも注意を向けるべきであった、と言ったのである。分析家は、分析を行っていた時期には陰性転移の徴候は全く見られなかった、と抗弁した。陰性転移のかすかな徴候を観察しそこなっていたとしても――草創期の分析の限られた視野からすればその可能性は除外できないが――、ある話題（いわばひとつの「コンプレックス」）を単に指摘しただけで活性化させる力が自分にあったかどうか、その時点で患者自身のなかでそれが現在進行形で活動していない以上、疑わしいと思う。それを活性化するためには、分析家の側の現実における友好的でない何らかの行動を必要としただろう。その上さらに、と分析家は付け加えた。分析中やその後の分析家と被分析者のあいだのよい関係がすべて、転移であると見なされるべきではなく、現実に根ざし生きうるとわかってくるような友好的な関係もあるのだ、と。

次に、同じ問題が生じている二番目の例に移ろうと思う。ある未婚の女性で、もう若くはな

（h）［アーネスト・ジョーンズによれば、これはフェレンツィのことである。フェレンツィは一九一四年一〇月に三週間、さらに一九一六年六月にもう三週間（一日二セッション）のフロイトの分析を受けた。ジョーンズ（一九五七）の一五八頁とジョーンズ（一九五五）の一九五頁と二一三頁を見よ。フロイトによるフェレンツィの追悼文（一九三三c）、『標準版』二二巻二二八頁も参照。］

いのだが、思春期以降、脚にひどい痛み（六）があるために歩くことができず、そのために人生から閉め出されていた。彼女の状態は明らかにヒステリー的な性質のものであったが、それは多くの種類の治療を受け付けなかった。九カ月を費やした分析がそのような問題を取り除き、この優秀で価値のある人物は、人生における自分の取り分を取り戻すことができた。回復の後の数年間、彼女は一貫して不運であった。家庭の惨事、財産の喪失があり、年を取るにしたがって愛や結婚で幸福になる希望はひとつひとつ潰えていった。しかし、かつて病人だったこの女性はこれらのすべてに勇敢に立ち向かい、困難な時期にあって家族の支えであり続けた。それが、分析が終わってから一二年後だったか一四年後だったか私は定かに覚えていないのだが、非常に大量の出血があり、彼女は婦人科的検査を受けなければならなかった。子宮筋腫が見つかり、完全な子宮摘出が望ましいであろうとされた。この手術のときから、この女性は再び病気になった。彼女は執刀医に恋をし、身体のなかで起こった恐ろしい変化に対するマゾキスティックな空想に溺れた。この空想によって彼女のロマンスは隠蔽されていた。彼女はさらなる分析の試みを受け付けなかった。彼女はその生涯の終わりまで正常に戻ることはなかった。その成功した分析治療は、あまりにも遠い過去に起こったことであり、私たちはそこから多くのことを期待することはできなかった。それは、私の分析家としての最も早期の年代の仕事であった。疑いなく、患者の二度目の病気は、いったんは成功裏に克服された一回目の病気と同じ根源から湧き起こったのだろう。それは、同じ抑圧された衝動の別のあらわれだったかもしれない。その衝動を分析は不完全にしか解決できなかったのである。しかし私には、新しい外傷がなかったとしたら、新しい神経症の発現はなかったのではないかと思えてならない。

これらのふたつの例は膨大な数の似た症例から意図的に選別されたものであるが、私たちが考えようとしている主題の議論を始めるのには事足りるであろう。懐疑論者、楽観論者、そして野心家はこうした症例に対してそれぞれ異なった見解をもつであろう。懐疑論者は、成功した分析治療でさえ、後で別の神経症――あるいはまさに同じ欲動的根源に由来する神経症かもしれないが――を病むこと、つまり患者の古い問題の再発ということになるが、そのような事態から、一度は治癒させた患者を分析が守らないことがついに証明されたと言うだろう。懐疑論者以外の人たちは、そのようなことは証明されていないと言うだろう。このふたつの例は非常に早期、それぞれ二〇年前と三〇年前のものであり、その後私たちはより深い洞察とより広い知識を得ていて、技法も新しい発見につれて変化してきたと反論するだろう。分析的な治癒が永続的であることがはっきりすること、少なくとも患者が再び病気に陥っても新たな病気が以前の欲動的障碍の新しい形で顕在化した再現ではないことを、今日私たちは要求し期待してもいいはずだと彼らは言うだろう。経験からしても、私たちの治療法に課されうる要求をそれほど実質的に制限する必要はないと彼らは主張するだろう。

　私がこのふたつの例を選んだ理由は、もちろん、まさしくそれらがはるかに昔（七）のものだからである。成功した分析の結果がより最近のものであればあるほど、それは私たちの議論においてより利用できないものとなるのは明らかである。その回復の後の歴史がどうなるかを予測する術がないからである。楽観論者の期待は明らかに、厳密には自明ではない多くのことを前提としている。彼らはまず第一に、欲動葛藤（より正確には自我とある欲動のあいだの葛藤であるが）を完全にかつ永久に処理する可能性があると想定する。第二に、誰かのひとつの欲動葛藤を治療しながら、他のそのような葛藤の可能性が彼に生じていることを、いわば予防することができると想定する。そして第三に、そのときに何の徴候もまだ姿を現していないこの種の病因的葛藤を、予防の目的でかき立てる力が私たちにあり、そうすることが賢明だと想定する。私はいまのところ、回答を提起せずにこれらの疑問を投げかけておく。もしかすると、これらに関して現時点ではいかなる明確な答えも出すことができないかもしれない。

理論的考察によれば、これらの問いにいくばくかの光が投げかけられるかもしれない。しかしながら、別のもうひとつの点がすでに明確にされている。分析治療に課せられたより厳しい要求を満たそうと望むなら、私たちの進むべき道はその期間を短縮することに導くものではなく、短縮することを経由するものでもない。

Ⅲ

今や数十年以上に渡る分析経験、そして私の活動の性質と様式に起きた変化が、私たちの前の問題に答えるように試みることを私に促す。初期には、私は非常に数多くの患者の治療をし、彼らは、自然なことなのだが、できるだけ早い対処を願っていた。後年、私は主に訓練分析に関与してきた。(八)一方、比較的少数の重症例が継続的治療のために私のもとにとどまったが、それらもまた、長い期間もしくは短い期間の中断があった。彼らにとって、治療目的はもはやこれまでと同じものではなかった。治療の短縮は問題ではなかった。その目的は、彼らのなかにある病気の可能性を根本的に枯渇させ、彼らの人格の深く進行する変容をもたらすことであった。

私たちが認識している、分析治療の成否を決定する三つの要因——外傷の影響、欲動の体質的な強さ、自我変容——のうち、ここで私たちに関わり合いがあるのは二番目、欲動の強さだけである。少し考えただけでも、「体質上の」（あるいは「先天的な」）という形容詞の限定的使用は本質的なのか、という疑いが生じる。体質的な要因というものが、まさに出発点から決定的に重要だということがどれほど真実であるにせよ、にもかかわらず人生のその後に生じる欲動の強化が同じ効果を引き起こすことも考えうる。もしそうであったとすれば、私たちは常套句を改訂し、「**体質的な**欲動の強さ」ではなくて「**その時点での**欲動の強さ」と言わなくてはならないであろう。私たちの最初の疑問［『標準版』二三巻二二三頁（本書一一〇頁）］は、「分析治療という手段によって、ある欲動と自我のあいだの葛藤、もしくは自我に対する病原的な欲動要求を、永久にそして完全に処理することができるのだろうか」であった。誤解を防ぐために「ある欲動要求を永久に処理する」ことによって意味されることをより正確に説明することは、おそらく不必要なことではない。それが「要求が消滅し、その声を二度と聞かなくなるようにすること」ということでないことは確かである。そのようなことは概して不可能であるし、望まれるべきことでも全くない。ではなくて、私たちが言いたいのは別の何かである。それはおおよそ、欲動を「飼い馴らすこと」(i)と記述されうる。すなわち、欲動が完全に自我の調和のなかに持ち込まれ、自我のなかのさまざまな動向の影響すべてを受けるものになり、満足を得るために独自の道を歩もうとはしない、ということである。どのような方法と手段を用いればこの結果が達成されるのかと問われても、その回答を見つけるのは容易ではない。私たちはこう言うしかない。「結局、魔女の助けを求めるしかない！ So muss den doch die Hexe dran!」(j)――メタサイコロジーと言う名の魔女である。メタサイコロジカルな思弁と理論化――私は「空想化」と言いそうになったが――を抜きにして、私たちはどのような一歩も先へ進めることができない。残念ながらここでも、他のところでもそうであるように、私たちの魔女

(i)［*'Bändigung'* フロイトはこの単語を「マゾキズムの経済問題」（一九二四c）その他において、リビドーが死の本能を無害なものへと変えうる作用を記述する際に用いている。『標準版』一九巻一六四頁。はるか以前に、一八九五年の「草稿」第三部三節において、彼はこの言葉を自我の介入のおかげで、苦痛に満ちた記憶が感情を担わなくする過程について用いている（フロイト、一九五〇a）。］

(j)［「結局我々は魔女に助けを求めなければならない！」ゲーテの『ファウスト』第一部第六場。ファウストは、若さの秘密を求めて、しぶしぶながら魔女の助けを求める。］

(2) あるいは、もっと完璧に正確であるとすれば、その関係が一定の限界に収まる場合。

が明かすことは、それほど明確でもなければ詳しくもない。出発点として私たちはたったひとつの手がかりしか持ち合わせていない。とはいえこのヒントは、最も価値のあるものではある。すなわち、一次過程と二次過程[九]とのあいだの対立である。そして、その対立に私はここで注意を向けようと思う。

ここでもう一度最初の問いを取り上げるなら、その新しい方向のアプローチによって必然的に特定の結論が導かれることがわかる。その問いとは、ある欲動葛藤を永久に完全に処理しうるか、というものであった。つまり、そのようなやり方で欲動要求を「飼い馴らせる」かどうか、ということである。このような観点で定式化されるとき、その疑問は欲動の強さには全く触れていない。だが、結果はまさしくそのことにかかっているのである。神経症者に対して分析が達成することは、正常な人々が分析の助けなく自分自身にもたらすことに全く他ならないという前提から出発しよう。しかしながら、日常的な経験からわかることは、正常な人における欲動葛藤のいかなる解決策も、ある特定の強さの欲動、あるいはより正確には欲動の強さと自我の強さのあいだのある特定の関係[2]に対してしか有効ではないということである。病気や疲弊あるいは類似の原因によって自我の強さが減少すれば、これまではうまく飼い馴らされていたすべての欲動がその要求を新たにし、代替的な満足を異常なやり方[3]で得ようと奮闘するかもしれない。この主張の反証不可能な証拠は毎晩の夢によってもたらされる。それらは、自我の前提としている眠っているという態度に対して、欲動要求の覚醒によって反応する。

もう一方の素材［欲動の強さ］も同様に不明瞭ではない。個人の発達のなかで二回、特定の欲動がかなりの程度強化されることがある。思春期と女性における閉経期である。もしそれまで神経症的でなかった人物がそうした時期に神経症的になったとしても、全く驚くに当たらな

（3）ここでは、私たちは、過労やショックなどといった非特異的要因の病因論的重要性を主張する正当な理由をもっている。これらの要因は、確実に一般的認識を得てきたが、精神分析によってはまさに背景に押しやられざるをえなかった。健康について、メタサイコロジーの観点を除いて定義することは不可能である。すなわち、私たちによって認識されてきた――あるいは（もしこちらの方が望ましいのであれば）推測もしくは憶測されてきた――心的装置の諸機関の間の力動的関係を参照しなくては語れない。［フロイトによる「過労」などの要因の神経症に対する原因論的重要性の早期の軽視はフリース論文の草稿Aに見ることができ、恐らくそれは一八九二年に書かれたものと思われる（一九五〇a、『標準版』一巻）。］

い。欲動がそれほど強くなかったときは、欲動はうまく飼い馴らされていた。しかし、それが強化されたとき、もはや飼い馴らすことはできない。抑圧は水圧に対抗するダムのように働く。これらふたつの時期の生理的な欲動強化によってもたらされるものと同様の効果が、人生の他の時期においても偶発的な原因によって、不規則なあり方でもたらされることもあるだろう。そのような強化は、新たな外傷、押しつけられた不満、あるいはそれに伴って起こる欲動相互の影響によって引き起こされるかもしれない。その結果はどの場合も同じであり、それは病気の原因論における量的要因の抗いがたい力を強調している。

これほど冗長な解説をしたことに対して、私は恥じ入るべきかもしれないと思う。私が述べたことはすべて、ずっと以前から周知で自明のことだからである。私たちは事実、こうしたことをすべて知っていたかのようにいつもふるまっていた。しかしたいていの場合私たちの理論的概念は、**力動論的**、**局所論的**アプローチに対して付与したほどの重要性を**経済論的**なアプローチに対して付与することを怠ってきた。そういうわけで、いま私はこの怠慢に注意を向けているのだと言えば、申し開きになるかもしれない。(k)

私たちがこの疑問への答えを決定する前に、ひとつの反論を考慮しなければならない。その反論のもつ強みは、私たちがついその反論に賛成してしまいがちである、ということである。(一〇)その反論はこうである。私たちの議論はすべてが自我と欲動のあいだで自発的に生じる過程から推論されており、望ましく正常な状況下でひとりでに生じないようなことは何も分析治療では成し遂げられないという前提に基づいている。しかし、本当にそうであろうか。分析が自我のなかに自然には決して生じない状態を生み出し、この新しく作り出された状態が分析を受けた人物と受けていない人物とのあいだの本質的な違いをかたちづくるのだということが、まさ

(k) [これと同じ方向の議論は、より技法論的でない言葉遣いでとりわけ明瞭に『非医師の分析の問題』(一九二六e)第七章、『標準版』二〇巻二四一―三頁に見られる。]

に私たちの理論が主張するところなのではないだろうか。この主張が何に基づいているのか、思い描いてみよう。すべての抑圧は子ども時代の早期に生じる。それらは、未熟で弱々しい自我がとる原初的な防衛手段である。その後の時期に新しい抑圧が遂行されることはない。しかし、以前の抑圧は持続し、その働きは欲動支配のために自我によって使用され続ける。新しい葛藤は私たちが「後抑圧」(1)と呼んでいるものによって処理される。このような乳幼児期の抑圧に対しても私たちは、抑圧は無条件に絶対的にそこに含まれている諸力の相対的強さによっており、それらは欲動の強さの増加に対抗しえない、という私たちの全般的主張を適用してもよいだろう。しかしながら分析は、成熟と強さをさらに獲得した自我が以前のこうした抑圧の修正を引き受けることを可能にする。抑圧には撤去されるものもあれば、承認されつつもより堅固な素材で新たに構築されるものもある。これらの新しいダムは以前のものとはきわめて異なる頑健さをもつ。高まる欲動の強さの洪水を前にしても、それはそうやすやすと決壊しないだろうと確信できる。だとすれば、分析療法の真の達成とは、もともとの抑圧過程を後になって修正することであり、その修正によって量的要因の優位に終止符を打つということだ、と言えるかも知れない。

　私たちの理論は以上である。抗いがたく強制されない限り、この理論を放棄することはできない。それでは、このことに対して、私たちの**経験**は何を言わねばならないであろうか。もしかすると私たちの経験は、動かない結論にたどり着くほどにはまだ幅広くないかもしれない。それは私たちの期待の正しさをしばしば十分に確証するがしかし常にではない。分析を受けていない人物と分析を受けた後の人物の態度のあいだの相違が、私たちが作り出そうと目指し主張し期待しているほど徹底的ではないことが最終的にわかったとしても驚くにはあたらないと

(1) [‘*Nachverdrängung*’, メタサイコロジーの論文「抑圧」(一九一五d)『標準版』一四巻一四八頁を見よ。しかしそこでは、(その時期には他の箇所でもそうだったように)使用される用語は‘*Nachdrängen*’であり、「後圧力」と訳される。]

いう印象がある。そうだとすれば、分析は欲動の増大の影響を消去することに**ときには**成功するが、常にそうではないということを意味するのかもしれない。つまり、分析の効果は、制止の抵抗力を増強して、それによって分析前もしくは分析しなかった場合よりもはるかに大きな要求に対抗しうるようにすることに限られるということである。私はこの時点で決定に関与することは本当にできないし、現在の時点で決定が可能かどうかもわからない。

しかしながら、分析の効果における変動性というこの問題に対しては、別の方向から接近することもできる。私たちは、環境の知性的支配の達成への第一歩は、混沌に秩序をもたらす一般化、規則、法則を発見することであることを知っている。そうすることによって、私たちは現象世界を単純化する。しかし、それを改竄することを避けることはできない。特に、発達と変化の過程を扱っている場合はそうである。私たちが関心を寄せるのは、**質的**変化の識別であり、そうする際、概して、ともかくはじめのうちは**量的**要因を無視する。現実世界においては、移行や中間段階の方がくっきり区別された対極的状態よりもはるかにありふれている。発達や変化を検討するとき、私たちは注意をその結果だけに向ける。私たちはそのような過程が多かれ少なかれ不完全であるという事実を見過ごしやすい。すなわち、そうした過程は実際には部分的変化に過ぎないのである。旧オーストリア帝国の、辛辣な風刺作家であったヨハン・ネストロイ[m]はかつてこう言った。「すべての進歩は、最初の見た目の半分の大きさをもつに過ぎない」と。この意地の悪い格言にかなり一般的な妥当性を与えたくなってしまう。ほとんど常に残遺現象、部分的に取り残されたものが存在する。気前の良いパトロンが例外的に示す吝嗇傾向によって私たちを驚かせたり、あるいは一貫して過剰に親切な人物が突然敵意に満ちた行動に耽ったりするとき、そのような「残遺現象」は発生学的探求において計り知れない価値があ

（m）［フロイトは、これと同じ発言を『非医師の分析の問題』（一九二六e）『標準版』二〇巻一九三頁でも述べている。］

る。それらは、こうした賞賛に値し価値ある性質が補償と過補償に基づいており、それが期待されたほどには絶対的かつ完全に成功していたわけではないことを示す。私たちのリビドー発達に関する最初の記述では、最初の口唇期は肛門サディズム期に道を譲り、次に男根・性器期に受け継がれる。その後の研究はこの見解とは矛盾していない。だが、これらの交替は突然ではなく徐々に起こり、そのためにその前の体制の一部は常により最近のものと平行して残存し、通常発達においてさえその変化は決して完全ではなく、以前のリビドー固着の残滓が最終的な布置においてもなお維持されているかもしれないということが付け加えられて修正された。これと同じことは、全く違った分野においても見られるであろう。これまでに克服されたとされる人類のもつあらゆる誤った、あるいは迷信的な信念のなかで、その残滓が今日に至るまで私たちの周囲に、文明人の下層階級あるいは文化的社会の最上層階級のなかにさえも生き延びていないものはない。いったん生を受けたものは、執拗にその存在にしがみつき続けるのである。私たちはときどき、原始時代の竜たちが本当に絶滅したのか、疑ってみたくなることもある。

こうした意見をいまの問題に当てはめてみると、分析療法の変動性のある結果をどう説明するのかという問題への解答は、不安定な抑圧を信頼できる自我親和的な統制によって置き換えようと努める際に、私たちも目標を必ずしも完全な程度にまで達成しない、すなわち、十分徹底的には達成しないことによるのだ、ということになると私は思う。変化は達成されるが、それはしばしば部分的である。古い機制の一部は、分析の仕事からは手つかずのまま残る。これが本当にそうだと証明することは難しい。なぜなら私たちは、自分たちが説明しようとしている結果そのもの以外に、何が起きるのかを判断する術をもたないからである。とはいえ、分析の仕事の最中に受け取る印象はこの想定と矛盾しない。実際のところ、むしろこの想定の正しさを確証するように見える。しかし私たちは、患者のなかに作り出す確信に対する物差しとして、自分自身の洞察の明瞭さを取り上げてはならない。彼の確信は「深さ」に欠ける、と言われるかもしれない。非常に簡単に見過ごされるのは、常に量的要因の問題である。これが私たちの問題に対する正しい答えであるならば、欲動への統制を確実にすることで神経症を治癒すると主張するときに、分析は理論においては常に正しく、実践においては必ずしも正しいとは限らない、と言うことができよう。これは、欲動の統制の基礎を十分な程度まで確実なものにすることに必ずしも成功しないからである。このような部分的な失敗の原因は簡単に見つけられる。過去において、欲動の強さの量的要因は自我の防衛的努力に対立した。その理由のために、私たちは分析の仕事に助けを求めたのである。そして今や同じ要因が、新しい努力の効果に対する限界を打ち立てる。もし欲動の強さがあまりにも大きければ、分析に支持された成熟した自我も以前の無力な自我が失敗したようにその課題に失敗する。欲動に対する統制は改善したが、防衛機制における変容が不完全なので、それは不十分なままでしかない。これには驚くべきことは何もない。なぜなら、分析が作動するときに用いる道具（一一）の力は無制限ではなくむしろ制約されており、最終的な結末は常に、互いに格闘する心的諸機関の相対的な強さにかかっているからである。

　分析治療の期間を短くすることが望ましいことは疑う余地もないが、私たちは自我を助ける分析の力を増大させることによってしか、治療的な目的を達成することはできない。私たちの目的に対して催眠の与える影響は素晴らしい道具のように見えた。しかし、私たちがそれを手放さなければならなかった理由はよく知られている。催眠の代替物は未だに見つかっていない。この視点からみれば、フェレンツィのような分析の大家がいかにしてその晩年を不幸にも実りのなかった治療的実験に捧げることになったのか、理解することができよう。

Ⅳ

ふたつのさらなる疑問がある。ひとつの欲動葛藤の治療中に、患者を将来の葛藤から守ることができるのだろうか。また、予防を目的として現時点で顕在化していない葛藤を喚起させることは実行可能で役に立つことなのだろうか。これらの疑問はいっしょに取り扱わなければならない。なぜなら明らかに第一の課題は、第二の課題、すなわち起こりうる将来の葛藤が実際の現存する葛藤に変化し、それによって影響を及ぼしうるものとなることによってのみ遂行されうるからである。問題のこのような新たな言いあらわし方は、根本的には以前の言いあらわし方の延長にすぎない。最初の例では、どのようにして同じ葛藤の回帰を防ぐかについて検討したのだが、こんどはその葛藤が別の葛藤に置き換わる可能性をどのように防ぐかについて検討しているのである。これは非常に野心的な提案に聞こえるが、試みようとしていることは、分析療法の有効性にどのような限界があるのかを明らかにすることでしかない。

治療的な野心がどれほどそのような課題を引き受けたいという誘惑に駆られたとしても、経験はその考えをきっぱりと拒絶する。ある欲動葛藤が現時点で活動しておらず、顕在化していないのなら、たとえ分析をもってしてもそれに影響を及ぼすことはできない。眠っている犬を起こすなという警告を、心的な地下世界を探索しようとする私たちの努力に関してよく耳にするが、その警告を精神生活のさまざまな状態に対して適用するのはことのほか不適切である。なぜなら欲動が障碍を引き起こすならば、それは犬が眠っていないことの証拠であるし、もしも犬が本当に眠っているように見えるときは、それを目覚めさせることは私たちの力の及ぶかぎりではないからである。しかし、この最後に述べたことは全く正しいとも思えず、より詳細な議論を必要とする。その時点で潜在的な欲動葛藤をまさにそのときに活動的なものへと変化させるために、私たちに使用しうるどのような手段があるか検討してみよう。私たちができることは明らかにふたつしかない。できることとは、葛藤が現時点で活動的になるような状況を引き起こすか、あるいはその葛藤を分析のなかで話し合ってそれが立ち上がってくる可能性を指摘することで満足するかのいずれかである。そのうちの最初の選択肢は、ふたつの方法によって実現される。現実のなか、または転移のなかかのどちらかである。そのいずれの場合においても、不満とリビドーの鬱積を通して患者を一定量の現実的苦痛にさらすことによって実現されるのである。ところが実のところ、私たちはすでに通常の分析的手続きのなかでこの種の技法を利用しているのである。さもなければ、精神分析が「不満の状態のなかで」行われなければならないという規則の意味はいったい何なのか、ということになるだろう(n)。しかしこれは、すでに現時点で活動的になっている葛藤を取り扱う際に用いている技法である。私たちは、この葛藤の解決のために利用可能な欲動の力を増大させようとして、その葛藤に明瞭な形をもたせ、最高の程度まで発展させようと試みる。分析の経験が教えてくれたことは、よりよいことは常によいことの敵であること(o)、そしてあらゆる回復の段階において、不完全な解決に満足しようと待ち構える患者の惰性と戦わなければならないということである。

とはいえ、私たちがめざすものが、現時点で活動的ではなく単に活動的になる可能性がある欲動葛藤への予防的治療だとするならば、患者のなかにすでに存在し避けがたいものとなっている苦痛を調整するだけでは十分とはいえないだろう。私たちは患者のなかに新たな苦痛を呼

(n) [「転移性恋愛」についての論文(一九一五a)『標準版』一二巻一六五頁(本書八二頁)とブダペスト大会論文(一九一九a)『標準版』一七巻一六二頁以降を見よ。]

(o) [フランスの諺「より良いは良いの敵 *le mieux est l'ennemi du bien*」]

び起こすという決意を固めなければならない。このことを私たちはこれまで運命にゆだねてきたが、それはかなり正当なことであった。哀れな人間をそのような残酷な試練にさらそうとして運命と争うという厚かましさに対し、私たちはありとあらゆる方面から戒めを受けることになるだろう。そのような試練とはどういったものだろうか。予防を目的とするからといって、満足のいく結婚を破壊したり患者の生計を支えている地位を放棄したりする原因となることに責任を取れるものだろうか。幸いなことに私たちは、患者の現実生活に対するそのような介入が正当化されるかどうか検討しなければならないような状況に置かれることは決してない。私たちはそのような介入に必要な絶対的権力を保持していないし、そんな治療的実験をしようとしても、被験者は実験への協力を間違いなく拒むだろう。そうすると実践においては、そのような手続きは事実上除外される。しかしなお、それに対する理論上の反論は存在する。なぜなら分析の仕事が最もよく進行するのは、病因的体験が過去に属していることによって自我がその体験から距離を取ることができる場合だからである。急性の危機状態においては、分析はあらゆる点からみて使用することができない。そこでは自我のすべての関心は苦痛に満ちた現実に奪われ、自我は分析から引きこもってしまう。精神分析は表面の下へと進み、過去からの影響を明らかにしようと試みるものだからである。とすれば、新しい葛藤を作り出したとしても、それは、単に分析の仕事をより長くより困難にするだけだろう。

こうした議論が全く不必要だという反論もあるだろう。潜在的な欲動葛藤を治療可能にしようとして、苦痛をもたらす新たな状況を故意に作り出そうとするものなど誰もいない。そんなことをしても、予防的達成だと称賛されるようなことは全くない。たとえば一度猩紅熱にかかって治癒した患者が、同じ病気の再発に対して免疫を獲得することは知られている。だからといって、将来猩紅熱にかかるかもしれない健康な人を連れてきて、免疫をつけるために猩紅熱に感染させようなどと、医者が思いつくことはない。予防手段は病気そのものによって生み出される危険と同じ状況を作り出してはならず、天然痘に対するワクチンや多くのその他の類似手続きのように、はるかに小さな危険のみを作り出すものでなければならない。欲動葛藤に対する分析的な予防としては、したがって私たちがすでに言及した別のふたつの手段だけが考慮に値するということになる。転移のなかで人工的に新たな葛藤（結局のところ現実という特徴を欠いている葛藤）を作り出すこと、そして、患者にそのような葛藤について話し彼にそれらが生じる可能性について知らせることによって、患者の想像（一二）のなかでそのような葛藤を喚起させることである。

　このふたつの穏便な方法のうちの最初のものを、分析から全く除外することを主張できるかどうか、私には分からない。この方向に特定的に向けられた実験はなされてないからである。しかし、すぐにさまざまな困難が現れ、そうした企てがあまり見込みがありそうではないと思わせる。第一に、転移のためのそうした状況の選択は非常に制約されている。患者は自分から彼らの葛藤のすべてを転移のなかに持ち込むことはできない。また分析家もその転移状況のなかから患者に生じうる欲動葛藤のすべてを呼び出すことはできない。分析家は患者に嫉妬させたり愛についての失望を経験させることはできるかもしれない。しかし、このことをもたらすために、何ら技法的意図が必要とされるわけではない。そういったことはいずれにせよ、ほとんどの分析においてひとりでに起こることなのである。第二に、このような類の方法がすべて、分析家が患者に対して非友好的にふるまうことを余儀なくするという事実を見逃してはならない。こうしたやり方が損傷的な効果を与えるものは患者の情愛に満ちた態度であり、陽性転移であるが、それこそ患者が分析という協同の仕事を引き受けるときに最も強い動機づけになるものである。それゆえ、私たちは決してこの方法から多くを期待すべきではない。

こうして、私たちに開かれた方法がたったひとつ残ることになる。それは、私たちがもともとおそらくただひとつの方法だと予想していたものであった。患者に他の欲動葛藤が生じる可能性について話し、そのような葛藤が自分に起こるかもしれないという予期を彼のなかに生じさせることである。私たちが望むのは、こういった情報や警告が、私たちが示唆した葛藤のひとつを、控え目な程度であっても治療に十分なほどに患者のなかで活性化させる効果をもつことである。しかし今度は、経験は不確実な声では語らない。期待された結果は起こらないのである。患者は私たちのメッセージを聞きはするが、そこに何の反応もない。患者は内心、「それはとても興味深いが、何の引っかかりも感じない」と思うのであろう。私たちは彼の知識を増やしたが、彼のなかではそれ以外何も変わらなかったのである。この状況は精神分析の著作を読んだときとほぼ同じである。読者は自分自身に当てはまると感じる箇所、つまりその時点で彼のなかで活動している葛藤と関連する箇所によってだけ「刺激を受ける」。それ以外のすべては彼を動かすことはない。私たちが子どもに性教育を行う場合にも、類似の体験をすると私は思う。性教育が有害であるとか不必要であると主張するつもりは全くないが、この自由主義的な対策の予防的効果がかなり過大評価されてきたことは明らかである。そのような性教育の後、子どもたちは以前知らなかった何かを知っているが、だからといって彼らが自分に与えられた新しい知識を利用することはない。私たちが目にすることになるのは、子どもたちがその新しい知識をもっているからといって、自然な成長として記述され彼らの不完全なリビドー態勢に調和しかつ依存するように構築してきた性理論を、そんなに急いで犠牲にすることはないということである。その理論は、コウノトリの役割についてだったり、性交の本質についてだったり、赤ちゃんがどうできるかについてだったりする。彼らは性教育を受けた後も長いあいだ、キリスト教を押し付けられた後もこっそりと古くからの偶像をあがめる未開民族のようにふるまうのである。(p)

V

私たちは、どのようにすれば骨の折れる長い治療期間を短縮することができるかという問いから出発し、依然としてこの時間という問題をこころに置きながらも、永続的治癒を達成することはできるのか、さらには予防的な治療によって将来の病気を予防することができるのかを考えるところまで進んできた。そうしながら見出した私たちの治療的努力が成功するための決定的な要因とは、外傷的病因の影響、統制されるべき欲動の相対的強さ、そして私たちが自我の変容と呼んできた何らかのものであった［『標準版』二三巻二二四頁上部（本書一一一頁）を見よ］。これらの要因のうちふたつ目のものだけを詳細に論じてきたが、そのつながりで私たちは、量的要因の卓越した重要性を認識し、メタサイコロジカルな接近法をどんな説明を試みるときも考慮に入れるべきだという主張を強調する機会をもった。

第三の要因、つまり自我変容について、私たちはまだ何も述べていない。それに注意を向けるとき私たちが受ける最初の印象は、多くの問うべきことや答えるべきことがここにあり、そこで言わねばならないことが非常に不十分であることがわかるだろうということである。この最初の印象は、問題にさらに立ち入っていくと確証される。よく知られているように、分析状

(p)［子どもの性教育に関するフロイトのこれらの考察は、この主題についての彼の初期の論文（一九〇七c）のなかでの、まだ洗練されていない考察と比較できるだろう。］

況は、治療を受けている人の自我と私たち自身が同盟を結び、彼の統制されていないエスの部分を従属させることから成り立っている。つまり、そのエスの部分を彼の自我の統合に含み込むことである。この種の協力が精神病者の場合には必ずうまくいかないという事実は、私たちの判断にとって最初の確かな足がかりを与えてくれる。私たちがそのような協定を結ぶことができるとすれば、その自我は正常な自我でなければならない。しかし、そういった類の正常な自我は、正常性一般がそうであるように、ひとつの理想的な虚構である。私たちの目的に役立たない異常な自我は、残念ながら虚構ではない。実際のところ、正常な人物とはいえ誰もが平均的に正常だというだけである。彼の自我は何らかの部分において、多かれ少なかれ精神病者の自我に近似している。このとき、ひとつの端からの隔たりの程度ともうひとつの端への接近の程度とが、私たちが「自我変容」と曖昧に名付けたもののさしあたっての基準といえるだろう。

自我変容にそれほど多様な種類と程度をもたらした源は何かと問うなら、私たちは最初に出会う明白な選択肢を逃れることはできない。そのような変容は先天的なのか、それとも後天的なのか。これらのうち、後者のほうが取り扱いやすいだろう。もしそれが後天的であるなら、確かに人生の最初の数年から始まる発達の過程のなかで獲得されたのである。自我はそもそもの出発点から、快原則に奉仕してエスと外界とのあいだを調停し、外界の危険からエスを保護するという課題を果たそうと試みなければならない。こうした努力をするうちに、自我がエスに対しても防衛的態度を採用するようになり、エスの欲動要求を外的危険として扱うようになるとすれば、とにかくもいくぶんかは、自我が欲動の満足が外界との葛藤を招くかもしれないことを理解していることから生じるのである。その後に自我は、教育の影響のもとで戦いの場を外界から内界へと移し、**内的**危険をそれが**外的**危険に変わる前に支配することに慣れてくる。そしてたぶん、そうすることが多くの場合正しいのである。ふたつの前線での戦いの最中に――後には、第三の前線も現れるのだが(q)――自我はその課題を果たすため、すなわち一般的な言葉でいうならば、危険、不安、不快を避けるためのさまざまな手続きを用いるようになる。私たちはこのような方法を「**防衛機制**」と呼ぶ。それについての私たちの知識は、十分に完全ではない。アンナ・フロイトの著作（一九三六）は、その多様性と多面的な意義についての最初の洞察を与えてくれた。

　そうした機制のひとつである抑圧から、神経症的過程の研究のすべては出発したのである(一三)。抑圧が、自我がその目的のために採用する唯一の手続きではないことは、全く疑いがない。それにもかかわらず、抑圧は全く独特な何かであり、他の防衛機制が互いに区別されるよりもそれらから截然と区別される。私は、抑圧の他の防衛機制群との関係をひとつのアナロジーによって明らかにしてみたい。こうした事柄にアナロジーを用いたところでそれほどのことは言えないのは分かってはいるのだが。書物が印刷刊行されず一冊ずつ手書きされていたときに書物にどういうことが起こったのか、想像してみよう。書物のなかに、後の時代になると望ましくないと見なされるような記述があったと仮定してみよう。たとえばロバート・アイスラー（一九二九）によれば、フラウィス・ヨセフスの著作には、後のキリスト教徒が不快に思うようなイエス・キリストに関する一節が含まれていたに違いない。今日であれば、当局の検閲機関が取りうる唯一の防衛機制は、その書物のすべての版を一冊残らず没収し破棄することだろう。しかしその当時は、その書物を無害なものにするためのさまざまな方法が用いられた。ひとつの方法として、問題となる箇所に太く線を引いて消し、読めなくすることもあっただろう。

（q）［超自我についての遠まわしな言及。］

その場合その部分は書き写すことができなくなり、次に文書の写しを作る者は、とがめられることはないものの、いくつかの箇所に欠落があってそのためにその箇所が理解できないような文書を作ることになるだろう。権力がこれで満足せず、本文がずたずたにされていることも隠しておきたいと望むならば、もうひとつのやり方として、本文を歪曲するところまで進むかもしれない。いくつかの単語が省略されたり他の単語で置き換えられたりするかもしれないし、はたまた新しい文が挿入されたりするかもしれない。最もよい方法は、文章の一節すべてを削除し、それと全く反対のことを言っている文章をその場所に入れることかもしれない。こうして、次に書き写す人に何の疑いも抱かせないままに偽造されている本文が生み出されうるのである。そこには、著者が述べたかったことはもはや含まれていない。そして、そういった修正が真実に向かう方になされていない可能性はきわめて高い。

もしこのアナロジーをあまりに厳密に押し進めないならば、抑圧のその他の防衛機制に対する関係は、本文の省略の本文の歪曲に対する関係と同じものだと言ってもよいだろう。そしてこの偽装のさまざまな形態と自我の変容のされ方の多様さに、平行関係が見出される。このアナロジーが本質的な点で誤っているという異議を提起する試みもなされうる。なぜなら、本文の歪曲は特定の方向性をもった検閲作業であるが、自我発達においてそれに対応するものは見出せないからである。しかし、この異議は当たっていない。方向性をもつこの種の目的は、快原則の強制力によってかなりの程度代表されているからである。心的装置は不快に耐えることができない。どのような犠牲を払ってもそれを避けようとする。そして現実の知覚が不快をもたらすならば、その知覚、すなわち真実は犠牲にされなければならない。外的危険に関しては、個人は逃避と危険状況の回避によってしばらくは困難を切り抜けることができる。彼が後になって十分強くなれば、能動的に現実を変容させることによって脅威を取り除くことはできる。しかし、人は自分自身から逃げ出すことはできない。逃避は内的な危険に対して何の役にも立たない。そのような理由から、自我の防衛機制は内的知覚を偽造し、エスの不完全で歪曲したありさまを自分に示すしかない。そのとき自我はそのエスに対する関係において、自我のもつ制約によって麻痺させられたり、自我のもつ誤謬によって盲目にさせられたりしている。そしてこのことの心的できごとの領域における結果は、まさに知らない土地を健全な足も持たずに歩くことに喩えることができよう。

防衛機制は危険を遠ざけるという目的に奉仕する。防衛機制がそれに成功していることは議論の余地がないし、自我がその発達過程の全体を通して防衛機制なしでやっていけるかは疑わしい。しかし、防衛機制自体が危険となりうることもまた確かである。ときには、防衛機制が自我に与える奉仕に対し、自我が高すぎる代価を払っていることが明らかになる。防衛機制の維持のための力動的支出と防衛機制がほとんど常にもたらす自我への制約が、心的経済に対する重い負担であることが明らかになるのである。さらにこうした防衛機制は、自我発達の困難な時期に自我を手助けした後も放棄されることはない。もちろん可能な防衛機制のすべてを使用している個人などいない。誰もがそのうちの選ばれたものだけを使用する。しかしこれらは彼の自我のなかに固着する。彼の性格のお決まりの反応様式となり、もともとの状況と類似の状況が起きれば必ず人生を通じて繰り返される。このことによって防衛機制は幼児症となり、有用であった時代が過ぎた後も存在しようとし続ける数多くの制度と同じ運命を分かち合う。詩人が嘆いているように、「道理は無理になり、親切は重荷となる Vernunft wird Unsinn, Wohlat Plage」のである。(r) 成人の自我はその強さを増したのに、現実にはもはや存在しない危険に対

（r）［「分別は無分別となり、親切は重荷となる」ゲーテ『ファウスト』第一部第四場］

して自分を守ろうとし続ける。それどころか自我は、その習慣的な反応様式を維持することをそうした危険との関係において正当化するために、当初の危険に似た代用物になりうるような現実の状況を探し求めざるをえない自分を見出すのである。かくして容易に私たちは、防衛機制が外界からのさらに広汎な疎隔と自我の恒久的な弱体化をもたらすことによって、どのように神経症発症への道を開き促すか、理解することができるのである。

しかし現時点では、防衛機制の病理的な役割について関心を向けているわけではない。ここで明らかにしようとしているのは、防衛機制に対応する自我変容が治療的努力に対してどのような影響を及ぼすかということである。この問題に対するひとつの解答のための素材は、すでに言及したアンナ・フロイトの著作のなかで示されている。本質的な点は、患者が分析の仕事のあいだにもこうした反応様式を繰り返すこと、いわば私たちの目の前で再現することである。実際、これこそが反応様式について知りうる唯一の方法である。このことは、それが分析を不可能にすることを意味しているのではない。それどころか、それは分析の課題の半分をかたちづくる。残りの半分は分析の初期の時代に最初に取り組まれたことであり、エスのなかに隠れているものを明らかにすることである。治療中、治療的な仕事は、少しエス分析をしては少し自我分析をするというように、絶えず振り子のように行ったり来たりする。ある場合にはエスから来た何かを意識化することを望み、他の場合には自我のなかの何かを修正することを望む。事態の核心は、過去の危険に向けられる防衛機制が治療においては回復への**抵抗**として再現するということである。これに引き続いて、自我は回復そのものを新たな危険として取り扱うのである。

治療効果は、最も広い意味でのエスに抑圧されているものを意識化することに依拠している。

私たちはこの意識化のための道筋を、解釈や構成(s)によって準備する。しかし、自我が以前からの防衛に固執して抵抗を放棄しないあいだは、私たちは解釈を患者のためでなく、私たち自身のためにのみ行っている(一四)。さて、こうした抵抗は自我に属してはいるが、にもかかわらず無意識的なものであり、ある意味で自我の内部で切り離されている。分析家はそれらを、エスのなかに隠された素材を見つけるよりもずっと容易に認識する。そこで、それらをエスの部分と同様に扱い、意識化することによって自我の残りの部分と関係づければ十分ではないか、と考える人もいるかもしれない。このやり方によって、分析の課題の半分が達成されるだろう。抵抗を明らかにすることに対する抵抗に出くわすことなど、考慮しなくてもよいかもしれない。しかし、実際に起きるのは以下のようなことである。抵抗に向けて仕事をしているあいだに、その真剣さの程度はいろいろだが、自我は分析状況の基礎となる契約から撤退しようとする。自我はエスを明るみに出す私たちの努力を支持することを止める。つまり、その努力に逆らい、分析の基本規則にしたがわず、抑圧されたものの派生物がそれ以上現れることを許さない。こうなると、分析の治癒力への強い確信を患者がもつことを、私たちは期待できない(一五)。患者は自分のなかにかき立てられる陽性転移という要因によって効果的な程度にまで強化された、分析家へのある程度の信頼を抱いていたであろう。だが、防衛的葛藤の新たな活性化の結果として感じられるようになる不快な衝動の影響のもとにおいては、今度は陰性転移が優勢となり、分析状況を完全に無効にするかもしれない。患者はいまや、分析家を自分に対して納得しがたい要求を押し付けてくる見知らぬ人物としか見なさず、見知らぬ人を嫌がり言われたことを何も信じない子どもと全く同じように、分析家に対してふるまう。分析家が防衛のためになされた歪曲のひとつを患者に説明して修正しようとしても、患者が無理解で正しい議論についてこら

(s)〔この主題に関する論文(一九三七d)二五五頁(本書一四九頁)を参照。〕

れないことがわかる。こうして、抵抗を明らかにすることに対して抵抗が存在することがわかる。防衛機制は、それがより綿密に検討される以前に最初に与えた名前に、まさに値するのである。それはエスの内容を意識化することに対する抵抗だけでなく、分析全体に対する抵抗でもあり、すなわち回復に対する抵抗でもある。

防衛によって自我のなかにもたらされた効果は、私たちが自我変容という言葉を分析の仕事への揺るぎない忠誠を保障する正常自我という虚構からの逸脱と理解するならば、まさに「自我変容」として記述されるのが正しい。とすれば、分析治療の結果が自我変容をもたらすこうした抵抗の強さと根深さに本質的に依拠しているという、日々の体験で示されている事実を受け入れることはたやすい。いま一度、私たちは量的要因の重要性に直面し、そしていま一度、分析が敵対する力と戦う一定の限られた量のエネルギーをあてにするしかないことを思い出すことになる。勝利は一般的に言って、事実上、兵力の大きな大隊の側にもたらされるかのようにみえる。

Ⅵ

次に逢着する問いは、あらゆる自我変容――私たちの言う意味においての――が生後数年の防衛的格闘のあいだにもたらされるのか、ということである。その答えは疑いようもない。自我の本来の生まれ持った固有の特徴の存在とその重要性について異議を唱える理由はない。このことは、人が誰も可能な防衛機制のなかから選択を行い、そのなかのほんの少数の同じものをいつも使用する「『標準版』二三巻二三七頁（本書一一八頁）」というひとつの事実によって確証される。これはひとりひとりの自我が最初から個人的素質や傾向を備えていることを示しているように見えるかもしれない。もっとも実際には、そうした性質やそれを決定するものを私たちは特定できない。さらに私たちは、遺伝された性質と獲得された性質の違いを誇張してひとつの対立だとしてはならないことを知っている。祖先が獲得したものは疑いなく私たちが遺伝的に受け継ぐものの大部分を構成するのである。私たちが「太古の遺産」(t)と言うとき、通常エスのことだけ考えており、個人の人生の出発点において自我はまだ存在していないと想定しているように思える。しかし、私たちはエスと自我がもともとひとつであったという事実を見過しはしない。さらに、後になって自我が示す発達方向性や傾向や反応が、自我が存在するようになる以前においてさえ、すでに準備されているということを信じるに値すると考えても、遺伝を神秘的に過大評価していることを意味しない。家族、人種、国民の有する心理的な特殊性は、分析に対する態度においてさえ、他に説明の余地がない。いや、そればかりではない。私たちは分析の経験から、象徴表現のような個人特有の心的内容さえ遺伝的に伝達されたもの以外にその源泉はないと確信せざるをえない。また、社会人類学の諸領域における研究から、初期人類の進化によって残された、同じように特殊化された他の沈殿物もまた太古の遺産のなかに存在すると考えてもよいと思えるのである。

抵抗という形で遭遇する自我の特性は遺伝によっても決まりうるし、防衛的格闘のなかでも獲得されうるという認識にともない、何が自我で何がエスかという局所論的な区別は、私たちの研究にとってその価値の多くを失う。分析体験にもう一歩踏む込むと、私たちは別の種類の抵抗に出くわす。その抵抗はもはやどこに属するかを特定できず、心的装置の基礎的諸条件に左右されるように思われる。この種の抵抗については、数少ない例を示すことしかできない。

(t)[『モーセと一神教』(一九三九d)の三番目のエッセイの第一部(『標準版』二三巻一〇二頁)に対する編者の解説を見よ。]

研究の全領域はまだ当惑するほどなじみがなく、十分に調査されていない。たとえば、特殊な「リビドーの粘着性」[u]をもっていると考えたくなるような人々に出くわす。治療が彼らのなかを動かしはじめる過程は、他の人々の場合と比べてかなり遅い。なぜなら、見たところ彼らはリビドー備給をある対象から引き離して別の対象へ移すことを決心できないからである。にもかかわらず、この備給に忠誠を捧げることの特別な理由は見出せない。また、これと全く反対のタイプの、リビドーがいちじるしく流動的であると思われる人に出会うこともある。リビドーは分析で提案された新しい備給にすぐ手をつけて、そのかわり以前のものは手放す。このふたつのタイプの違いは、硬い石を用いて仕事をするか柔らかい粘土を用いるかに応じて彫刻家が感じることに似ている。残念なことに、二番目のタイプの人に分析を行った結果は、とても一時的であることがしばしば明らかになる。新たな備給はすぐに再び捨て去られ、私たちは粘土で仕事をしたというよりも、水面に字を書いたような印象を抱く。諺で言えば、「あぶく銭は身につかない」[v]ということである。

別の一群の症例では、私たちが通常期待するような柔軟性、すなわち変化やさらなる発達への能力が枯渇しているとしか考えられない患者の態度に驚かされることになる。もっとも私たちは分析においてはある程度の心的慣性[w]を見出す準備はできている。分析の仕事がひとつの欲動衝動に新たな道筋を開いたとき、例外なく観察されることはその衝動が強いためらいをもたずにその道筋を進み始めることはないということである。[一六] 私たちはこのふるまいを、おそらくあまり適切ではないが、「エスからの抵抗」[x]と呼んできた。しかし、私がここで思い浮かべている患者に関しては、あらゆる心的過程、関係性、力の配分は変えることが不可能であり、固定され硬直している。かなり高齢の人々にも同様のことが見受けられるが、この場合はそれは

（u）［この用語は、『精神分析入門』（一九一六—一七、『標準版』一六巻三四八頁）の第二二講に見出される。以下で議論されるこの特徴とより一般化された「心的慣性」は、フロイトのより早期の著作において、常に別々に扱われているわけではない。その話題が触れられている多くの抜粋のリストは、「あるパラノイアの症例」（一九一五f、『標準版』一四巻二七二頁の編注にある。］

（v）［*'Wie gewonnen, so zerronnen.'*］

（w）［脚注uを見よ。］

（x）［『制止、症状、不安』（一九二六d）『標準版』二〇巻一六〇頁の補遺A（a）を見よ。］

習慣のもつ力や受容性の減退として記述されるようなもの、つまりある種の心的エントロピー(y)によるものと説明される。しかし、ここで論じているのは、まだ若い人々である。私たちの理論的知識は、このようなタイプを正しく説明するには十分でないように思われる。これには、おそらく時間的な特性、すなわち私たちがまだ認識していない心的生活の発達リズムの変化が関わっている。

さらにもう一群の症例では、分析治療への抵抗の源として、そして治療の成功に対する障碍として責めを負うべきだと考えられる自我の顕著な特徴が、別のより深い起源から生じているのかもしれない。ここで私たちは心理学的研究が知りうる究極の事柄を扱っている。すなわち、ふたつの主要な欲動のふるまい、その分配、混合と解離についてであり、エス、自我、超自我といった心的装置のどれか一領域に限られるとは考えられないものである。可能なかぎりのあらゆる方法を用いて回復することに対して防衛し、病気と苦しみを手放さないように絶対的に決意している力の存在ほど、分析の仕事の最中に強い印象を受ける抵抗はない。この力の一部は、罪悪感と処罰への欲求として疑いもない正当性をもって認識されてきたし、超自我に対する自我の関係に位置づけられてきた。しかし、これはいわば超自我によって心的に拘束され、それゆえ認識可能となる部分であるに過ぎない。同じ力の残りの量は、拘束されていようと自由であろうと他の特定されない場所で働いているかもしれない。これだけ多くの人々に内在するマゾキズムや多くの神経症者に認められる陰性治療反応、罪悪感といった現象から構成される全体像を鑑みるのであれば、もはや私たちは心的できごとがもっぱら快への欲望によってのみ支配されるという考えに執着できまい。これらの現象は、その目的に応じて私たちが破壊欲動もしくは攻撃欲動と呼ぶ力が、精神生活のなかに存在することを紛れもなく指し示している

(y)「狼男」病歴(一九一八b)の一節に同様のアナロジーが見出され、これと同じ心理的特徴が扱われている。『標準版』一七巻一一六頁。

し、その力は生きているものが本来もつ死の欲動にまで遡る。それは生命についての楽観的な理論と悲観的な理論の対立などという問題ではない[一七]。エロスと死の欲動というふたつの根源的な欲動が、協力したり互いに対立したりする作用によってのみ[z]、生命現象の豊かな多様性を説明することができるのであり、決してどちらか一方だけで説明できはしない。

　さまざまな生命的機能を遂行するために、これらの二種の欲動の諸要素がどのように結合しているのか、どのような条件下でその結合が緩んだり破綻したりするのか、そういった変化がどのような障碍に対応し、それらに対して快原則の知覚指標がどのような感情によって反応するのか。こういった疑問が解明されたとしたら、心理学研究の最も報われる達成となるかもしれない。しかし、いまのところ私たちの努力が無駄になることが目に見えているその圧倒的な力の前に、私たちはひざまずかなければならない。単純なマゾキズムに心的な影響を及ぼすことでさえも、私たちの能力に課せられた厳しい要求である。

　破壊欲動の活動の証拠となる現象を研究するにあたって、私たちは病理的素材の観察だけにとどまるものではない。正常な精神生活のあまたの事実もこの種の解明を必要とし、私たちの観察眼が鋭くなるほど、それはより豊富な事柄で私たちを驚かせる。この論題は私にとってあまりに新しくあまりに重要であるため、この議論において副次的な問題としては扱いきれない。したがって、いくつかの実例を選ぶだけで満足しようと思う。

　ここにひとつの例がある。一方の傾向がもう一方の傾向を妨げることなく、異性と同じように同性をも性的対象とすることができる人々がいまでもいるし、いつの時代も存在してきたことはよく知られている。私たちはこのような人々を両性愛者と呼んでおり、彼らの存在をそれほど驚くことなく受け入れている。しかしながら、私たちはすべての人間がこの意味で両性愛

（z）［この言い回しは、フロイトのお気に入りのひとつであった。たとえば、『夢の解釈』（一九〇〇ａ）『標準版』四巻一頁の最初の段落で見られる。これを彼が好んだことは、「根本的な二元論的観点」に対する彼の忠誠を反映している。『自我とエス』（一九二三ｂ）『標準版』一九巻四六頁と二四六頁下部を参照。］

的であり、リビドーは顕在的な形ないしは潜在的な形で、両性どちらの対象にも分配されることを学んできた。だが、次のような点に気づかされる。第一の種類の人々においては、ふたつの傾向は衝突せずうまくやっているのだが、第二のより多数を占める種類の人々においては、ふたつの傾向は折り合いのつかない葛藤の状態にある。男性の異性愛はいかなる同性愛も我慢ならないだろうし、その逆もまた同様である。もし前者の方が強ければ、それは後者をうまく潜在的なものに保ち、現実において満足を得ることから遠ざける。一方、潜伏的同性愛によって動揺させられることほど、男性の異性愛機能にとって大きな脅威はない。それぞれ個人は使用できるリビドーを一定量もっているに過ぎず、それを求めてふたつの対抗する傾向は闘争しなければならないと語ることでこれを説明しようと試みてもよいかもしれない。しかし、多くの場合ではそうすることができるのに、その対抗勢力が相対的な強さに応じて利用可能な量のリビドーを両者のあいだで必ずしも分割しないのかは明らかではない。葛藤に向かう傾向とは何か特殊なものであり、リビドーの量に関係なく状況に新しく付加された何かであるという結論に私たちは至らざるをえない。独立して現れてくるこの種の葛藤に向かう傾向は、自由な攻撃性の要素の介入に帰する以外、ほとんど帰するところがない。

私たちが議論している例が破壊欲動もしくは攻撃欲動のあらわれであると認めるなら、この見解をその他の葛藤の例に拡張すべきではないのか、それどころか私たちが心的葛藤について知っているすべてのことをこの新たな角度から修正すべきではないのか、といった疑問がただちに生じる。結局のところ、私たちの想定するところでは、原始的な状態から文明化された状態に至るまでの人間の発達につれて、攻撃性はかなりの程度の内在化ないしは内側への方向転換をこうむっている。そして、もしそうだとしたら、内的葛藤は確かにそうして収まってしまった外的闘争の正しい意味での等価物なのかもしれない。死の欲動もしくは破壊欲動や攻撃欲動がリビドーにおいて顕在するようなエロスの伴侶として同等の権利を主張する二元論は、あまり共感を得ておらず、精神分析家のあいだでさえ実際は受け入れられていないことを私はよく知っている。それだけに、最近古代ギリシャの偉大な思想家のひとりの著書のなかにこの私の理論を偶然見つけたとき、私はいやがうえにも喜んだ。このような確証のためであれば、私は喜んで独創性という名声をあきらめよう。というのは、かつての私の広範囲にわたる読書を考えれば、私が新しい創造物だと思ったものが潜在記憶[A]のなせる技なのかどうか、決して私は確信がもてないからである。

アクラガス（ジルジェンティ）[4]のエンペドクレスは紀元前四九五年ごろに生まれ、ギリシャ文明の歴史上、最も偉大で特筆すべき人物の一人である。彼の多彩な人格の活動は、きわめて多様な方向を追求した。彼は研究者であり思想家であり、また予言者にして魔術師であり、政治家、慈善家、そして自然科学の知識を備えた医者であった。彼はセリヌントの町をマラリアから救ったと言われ、同時代の人々は彼を神のようにあがめた。彼の精神はきわめて鋭い対立を結合させているもののように思われる。彼は物理学と生理学の研究では綿密かつ冷静であったが、神秘主義の暗がりに対してしりごみしなかったし、驚くほどの想像的な大胆さをもって宇宙的思弁を築き上げた。カペレは彼を「あまたの秘密の啓示を受けた」[B]ファウスト博士になぞらえている。まだ科学の領域がこれだけ多くの分野に分かれていなかった時代に生まれたため、彼の理論のなかには必然的に素朴であると感じざるをえないものがある。彼は事物の多様性を、地、風、火、水の四つの元素の混合によって説明した。彼はすべての自然が生命をもつと考え、魂の転生を信じた。しかし、彼はまた命ある生き物の漸進的進化、適者生存、その進

（A）［この主題に関する意見はフロイトによる**Josef Popper-Lynkeus**についての論文（一九二三f）『標準版』一九巻二六一頁と二六三頁を参照］

（4）以下は、ヴィルヘルム・カペレ（一九三五）の研究に基づいている。［シシリアンの町はより一般的にはアグリゲントゥム **Agrigentum** として知られている。］

（B）［'*Dem gar manch Geheimnis wurde kund.*' ファウストの最初のせりふの一行から改変された（ゲーテ『ファウスト』第一部第一場）。］

化において偶然（テュケー τύχη）が果たす役割の認識といった現代的考えも、自らの知識の理論的体系に含み込んだ。

しかし、私たちの興味にとりわけ値するエンペドクレスの理論は欲動に関する精神分析理論にかなり類似したものである。このギリシャの哲学者の理論が宇宙的な空想であるのに対し、私たちの理論が生物学的妥当性を得ることで満足するという違いがなかったとしたら、両者が同一のものであると主張したい気持ちになるほどである。同時に、エンペドクレスが個々の有機体と同じように生命的本質がこの世界にもあると考えている事実によって、彼と私たちの考えの違いはほとんど取るに足らなくなる。

その哲学者は、ふたつの原理が生きた世界のできごとと生きたこころのできごとを支配しており、それらの原理が互いに永久の戦争状態にあると説いた。彼はそれらを**ピリア** *φιλία*（愛）と**ネイコス** *νεῖκος*（闘争）と呼んだ。彼はこれらを根本的には「欲動のように作動する自然力であり決して意識的目的をもつ知性ではない」[5]と見なした。このふたつの力のうち一方は主要な四つの元素の粒子を一つの塊にしようとし、もう一方は反対にすべての融合を取り消し、主要な元素の粒子をそれぞれ切り離そうとする。エンペドクレスはこの世界の過程を絶え間なく止むことのない周期の交替だと考えた。そこではふたつの根源的な力のどちらか一方が優勢になり、それゆえある時期には愛が、また別の時期には闘争がその目的を完全に実行して世界を支配し、その後屈服していた他方の側が自己主張を始めて、今度はそれが相手を打ち負かすのである。

愛 *φιλία* と**闘争** *νεῖκος* というエンペドクレスのふたつの根本原理は、呼び名においても機能においても、**エロス**と**破壊性**というふたつの主要な欲動と一致する。前者は存在するものをよ

（5）カペレ（一九三五）、一八六頁

り大きなまとまりに結合しようと努めるのに対し、後者はそれらの結合を分解し、生み出された構造を破壊しようと努める。しかし、この理論が二五〇〇年後に再び現れたときに、いくつかの点で変化があることが見出されても、驚くことはないだろう。私たちに課せられている生物精神的な領域への制限を別にすれば、エンペドクレスの四元素を基本物質としてはもはや考えるに及ばない。生きているものと無生物ははっきりと区別されたし、私たちが考えることはもはや物質の粒子の混合と分離ではなく、欲動成分の結合と脱融合についてである。さらに、私たちは破壊欲動を死の欲動に、すなわち生きているものが無生物状態へ回帰する衝迫にまで遡ることによって、「闘争」の原理にある種の生物学的基盤を与えた。これは似たような欲動(C)がすでに以前から存在したことを否定するものではなく、もちろん、この種の欲動が生命の発生とともに初めて現れたと主張するものでもない。そして、エンペドクレスの理論に包含された真実の核心が、後世の理解にとってどのような装いで姿を現すのか、誰にも予測することはできない(D)。

Ⅶ

一九二七年にフェレンツィは治療の終結という問題について、教えられることの多い論文を発表した(E)。それは次のような慰めになる保証の言葉をもって締めくくられる。「分析は終わりのない過程ではない。分析家の方に十分な技量と忍耐があれば、自然な終結がもたらされるものである(F)」と。しかしながら、全体としてこの論文は、分析の短縮ではなく深化を目指すべきであるという戒めの性質を帯びているように私には思われる。フェレンツィはさらに重要な論

(C)〔すなわち、死の欲動に類似した。〕

(D)〔エンペドクレスは、死後に出版された『精神分析概説』（一九四〇a〔一九三八〕、一四九頁）の第二章の脚注で、フロイトによってもう一度言及された。また、この論文の後まもなく書かれたマリー・ボナパルト皇女への手紙のなかで、フロイトはさらに破壊欲動に関して、いくつかの見解を述べた。そこからの抜粋は『文化とその不愉快さ』（一九三〇a）、『標準版』二一巻六三頁に対する編者の前書きに出てくる。〕

(E)〔これは一九二七年インスブルック精神分析学会で読まれた論文であった。その翌年に出版された。〕

(F)〔フェレンツィ、一九二八。英訳、一九五五、八六頁〕

点を指摘する。成功の大部分が分析家が自分の「間違いや失敗」から十分に学んでいること、そして「自分の人格の弱点」を克服していることにかかっているとするのである。(G) このことは私たちの議論に重要な補足を与えてくれる。分析治療が成功する可能性に影響する要因、そして抵抗と同様に分析の困難を増やす要因のひとつとして、患者の自我の状態だけでなく分析家の個性も考えなければならないということである。

　分析家が患者にもたらしたいと願っている心的正常の基準まで彼自身の人格において常に到達しているわけではないことに関して、議論の余地はない。分析の敵対者は軽蔑をもってこの事実をしばしば指摘するし、分析的努力の無益さを示すための論拠として用いる。この批判は不当な要求だと退けてもよいだろう。分析家は特定の業《わざ》を実践することを学んだ人々であるとともに、他の人々と同じような人間であることを許されてよい。そもそも、内科医が自分の内臓が健全でなければ内臓疾患の治療をすることはできないと主張する人は誰もいない。それどころか、自らが結核におびやかされている人が同じ病気に苦しんでいる人の治療を専門にすることには、ある種のメリットがあると主張されることさえある。しかし、事情は全く同じではない。医者にともかくも実践を行う能力があるかぎり、彼が肺や心臓の病気を患っていても内科的な訴えに対して診断したり治療したりする際に不利な点はない。ところが、分析の仕事という特殊な状況では、分析家自身の欠陥が患者の内的状態を正しく評価しそれに対して有用に反応することを妨げる原因に実際になるのである。したがって、資格認定の一部として分析家に相当程度の心的正常性と欠点のなさを期待することは妥当である。さらに、分析家はある分析状況では患者にとっての手本となり、また別の状況では教師としてふるまえるように、ある種の優越性を保持していなければならない。そして最後に私たちは、分析的関係が真実への愛、

(G)〔フェレンツィ（同上）〕

すなわち現実の認識に基礎を置いており、どのような見せかけや偽りも排除するということを忘れてはならない。

ここでしばし立ち止まり分析家にはっきり言っておきたいことは、分析家がその活動を行う際に満たさねばならない非常に厳しい要求に私たちがこころからの同情をするということである。分析はほとんど、あらかじめ満足のいかない結果となることが確信できる、あの「不可能な」職業の中の第三のもののように見える。他のふたつは、はるか昔から知られているが、教育と政治である。(H) 将来分析家となる人は分析の仕事にとりかかる前に完全無欠であるべきだ、などと言い換えると、そのような高度で希有な完全性を備えた人のみがこの職業に就くべきだ、と要求できないことは明らかである。しかし、どこで、どのようにして、この可哀想なあわれな人物は自分の職業に必要とされる理想的な資質を身につけることができるのだろうか。その答えは、彼自身の分析において、である。そこから、彼の将来の活動のための準備が始まる。実際上の理由から、この分析は短期的で不完全なものにしかなりえない。その主な目的は、その候補生をさらなる訓練に受け入れることができるかを、教える側が判断できるようになることである。その分析において、学ぶ者が無意識の存在を固く確信し、抑圧された素材が現れたとき分析を受けなければ信じられなかったようなものを自分のなかに知覚し、分析的仕事において唯一有効であると証明されている技法の最初の例を目の当たりにしたならば、その目的は完遂されたのである。これだけでは彼の教育にとって十分ではないだろう。しかし私たちは、分析が終わっても消え去ることのない自らの分析のなかで彼が受けた刺激と、分析主体のなかで自発的に持続して自我を改変し、この新しく習得された感覚のうちに引き続くあらゆる経験を利用する過程とを計算に入れている。このことは事実起きるし、そのことが起きる限りにお

(H)〔アイヒホルン著『手に負えない若者』のフロイトの書評の中にある類似の一節を参照（フロイト、一九二五f）『標準版』一九巻二七三頁〕

いて、分析主体は分析家としての資格をもつ。

　残念ながら、別のことをまた起きる。このことを記述する際には、印象に頼るしかない。一方では敵意、もう一方では党派性が、客観的な探究にとって好ましくない雰囲気を作り出すのである。多くの分析家は防衛機制を利用するらしい。そうした機制は、分析の意味するものや要求するものを（おそらく他の人々に向けることによって）彼ら自身から逸らすことを可能にする。そのために彼ら自身は変わらないままに留まり、分析のもたらす批判的修正的影響から引きこもることができる。このようなできごとは、人間が力を与えられたときそれを濫用しないことは難しい[6]と警告する作家の言葉を立証するかもしれない。このことを理解しようとするとき、ときには不愉快な喩えを引っ張り出したくなる。それは、特別な注意もせずにX線を取り扱う人々に及ぼすX線の影響という喩えである。人間のこころのなかで解放を求めてあがくすべての抑圧された素材に絶え間なく没頭することの結果として、分析を行っていなければ抑え込んだままにできた、あらゆる欲動要求が分析家のなかにも同様に掻き立てられたとしても驚くべきことではないだろう。こうしたことも、「分析のもたらす危険」である。もっとも、それらは分析状況において受動的な立場の人物ではなく、能動的な立場の人物を脅かす[二八]。そして私たちはそうした危険に対応することを怠るべきではない。このことに対してどうしたらよいかは、疑問の余地がない。すべての分析家は定期的に、たとえば五年おきくらいに、もう一度自分自身を分析にゆだねるべきであり、この手段をとることを恥じることはない。とすれば、このことが意味するのは、患者の治療分析だけでなく分析家自身の分析もまた、終わりのある課題から終わりのない課題へと変わるかもしれないということである。

　しかしながら、この時点で、誤解が生じないように用心しなければならない。私は、分析が

（6）アナトール・フランス『天使たちの反逆 *La revolte des anges*』

何が何でも終わることのない仕事であるなどと主張するつもりはない。その疑問に対する理論的態度がどうであれ、ひとつの分析の終結とは私が思うに実践的な問題である。経験を積んだ分析家ならば、**万事うまく行き** *rebus bene gestis*（1）永遠の別れを告げた症例をいくつも思い起こすことができるだろう。いわゆる性格分析の症例においては、理論と実践の食い違いはずっと少ない。ここでは、大げさな期待を避け分析に過剰な課題を課さなかったとしても、自然な終結を予見することは容易でない。私たちの目標は、型通りの「正常さ」のために人間の性格のあらゆる歪みを払拭することではないし、ましてや「完全に分析された」人なら全く激情に駆られず内的な葛藤を生じないなどと要求することでもないだろう。分析の仕事は自我の機能にとって可能なかぎり最善の心理条件を確保することであり、それをもって分析はその務めを果たしたのである。

（1）［'Things having gone well.'］

Ⅷ

治療分析と性格分析のどちらにおいても、ふたつの主題がとりわけ際立ってきて、分析家になみたいていでない厄介ごとをもたらすことに私たちは気づく。すぐに明らかになることは、ここで一般的な原理が働いていることである。ふたつの主題は性別の違いに結びついている。一方は男性に、他方は女性に特徴的である。内容の相違にもかかわらず、それらのあいだには明らかな対応がある。両方の性別が共通してもっている何かが、性別の違いによって異なった表現形をとるように強いられたのである。

ふたつの対応している主題とは、女性においては**ペニスへの羨望**、すなわち男性性器を所有しようとする積極的な渇望であり、男性においては他の男性に受身的もしくは女性的態度をとることに対抗する戦いである。このふたつの主題に共通しているものは、初期に精神分析の用語体系によって去勢コンプレックスに対する態度として取り上げられた。その後、アルフレッド・アドラーによって「男性的抗議」[一九]という用語が通用するようになった。これは男性の場合には申し分なく当てはまる。だが、私は「女性性の拒絶」と言う方が、そもそも人間の心的生活において特筆すべきこの特徴の正確な記述であったかもしれないと考える。

この要因を私たちの理論体系に導入しようとするとき、まさにその本質から言って、それが両方の性において同じ位置を占めることはできないという事実を見落としてはならない。男性では男性的になろうとする奮闘は最初から全く自我親和的である。受身的態度は去勢を受け入れることを前提とするために強力に抑圧され、その存在はしばしば行き過ぎた過補償によって示されるのみである。女性においても、ある時期、すなわち女性性への発達が緒に就く以前の男根期では、男性的になろうする奮闘は自我親和的である。しかしそれから、それは重大な抑圧過程に屈することになる。その過程の結果は、しばしば示されてきたように、女性の女性性の運命を決定づけるものである[J]。多くのことが、十分な量の男性性コンプレックスが抑圧を免れ彼女の性格に永続的影響を及ぼすかどうかによって決まる。正常であればそのコンプレックスの大部分は変形され、彼女の女性性の構築に寄与する。すなわち、和らげられたペニスへの願望は、赤ん坊が欲しいという願望やペニスを所有する夫を求める願望へと転換される運命にある。しかし、奇妙なことに、男性性への願望が無意識のなかに保持されて抑圧状態に端を発する障碍的影響を及ぼすことに、私たちはしばしば気づくのである。

今まで述べたことから分かるように、どちらの場合においても、抑圧に屈するのは自分の反

（J）［たとえば、「女性の性愛」（一九三一b）、『標準版』二一巻二二九—二三〇頁を参照。］

対の性別に固有の態度である。他のところでも言及したのだが、[7]この論点に私の関心をひきつけてくれたのはヴィルヘルム・フリースであった。フリースは性別間の対立が抑圧の起きる真の理由であり、かつ根源的な原動力となっていると見なしがちであった。そのとき彼の見解に反対するために述べたことを繰り返しているに過ぎないが、私は抑圧をそのように性的なものだと考えようとは思わない。つまり、それを純粋に心理学的な基礎に基づいて説明するかわりに生物学的な基礎に基づいて説明するようなことはしたくない。

女性におけるペニスを求める願望と男性における受身性に対抗しようとする奮闘という最も重要度の高いふたつの主題が、フェレンツィの注目を免れることはなかった。彼は一九二七年に読み上げた論文のなかで、このふたつのコンプレックスが克服されていることがすべての成功した分析の必要条件であるとした。[8]私が付け加えたいのは、私の経験から言って、ここでフェレンツィがしているのは大変大きな要求だと思うということである。分析的な仕事において、女性に対して、実現不可能なのだからペニスへの願望を放棄するように説得しようとするとき、あるいは男性に対して、男性への受身的態度がいつも去勢を意味せず、人生の多くの人間関係で不可避だと納得させようと努めるときほど、自分が繰り返してきた努力のすべてが無駄であったという耐えがたい気持ちや、「風に説法」であったのではないかという疑いに苛まれるときはない。男性の反抗的な過補償は最も強力な転移抵抗のひとつを生み出す。彼は父親代理にしたがったり、なんであれ父親代理に恩義を感じたりすることを拒み、結果的に医者から自分の回復を受け取ることを拒むのである。女性のペニスへの願望から似たような転移は生じえないが、分析は役に立たないし、自分を救う手立ては何もないという内的な確信によって、重症の抑鬱を発症する源泉となる。そして、彼女が治療に来る最も強い動機が結局はまだ男性性器

(7)『子どもが叩かれている』(一九一九e)、『標準版』一七巻二〇〇頁以降。[実際には、論文中にフリースの名前は触れられていない。]

(8)「……すべての男性患者は去勢不安を克服したしるしとして医師との関係において対等であるという気持ちを達成しなければならない。すべての女性患者は、彼女の神経症が完全に処理されたと見なされるなら、男性性コンプレックスが取り除かれ、女性的役割が意味するものを少しの憤りもなく情緒的に受け入れなければならない。」(フェレンツィ、一九二八、八頁[英訳八四頁])

を手に入れることができるという希望であり、その欠如が彼女にはあまりに苦痛であったということを知るとき、私たちは彼女が正しいと認めるしかない。

しかし、このことから私たちは、抵抗がどのような形で現れるのか、転移としてか否かということが重要でないことも学ぶ。抵抗がいかなる変化の生じることも妨げ、すべてはそのままであるという、決定的なことは変わらない。私たちがしばしばもつ印象は、ペニスへの願望と男性的抗議をもって、すべての心理的地層を貫通し最下層の岩盤にまで到達したということである。かくして私たちの活動は終ったのだと。これはおそらく真実である。なぜなら、心的領域にとって生物学的領域が実際その下に横たわる岩盤の役割を果たしているからである。女性性の拒絶は生物学的事実、すなわち性という大いなる謎の一部に他ならない(9)。分析治療において、この要因を克服することに成功しているのかどうか(一〇)、そしてそれがいつ行われたのか明言することは難しいのかもしれない。私たちはそれに対する態度を被分析者が再吟味し変化させるための、できる限りの鼓舞を彼に与えたという確信によって、自分自身を慰めることができるのみである。

（9）「男性的抗議」という言葉によって、男性が拒絶しているのが受身的態度［それ自体］、つまり女性性の社会的側面と呼ばれるものであるという誤解に導かれてはならない。そのような見解は容易に認められる観察と矛盾する。すなわち、そのような男性はしばしば女性に対して、マゾキスティックな態度、隷属にまで及ぶほどの状態を示すのである。彼らが拒否するのは受身性一般ではなく、男性に対する受身性なのである。言い換えれば、「男性的抗議」は事実上、去勢不安に他ならない。［男性に見られる性的「隷属」の状態については、フロイトの「処女性のタブー」（一九一八a）『標準版』一一巻一九四頁の論文でほのめかされていた。］

監訳者注

（一）岩波版は「精神分析療法」を訳し落としている。GWには die psychoanalytische Therapie の語が見えるにもかかわらず。

（二）もちろん第一次大戦のことである。

（三）岩波版は「将来にわたって」とある。

（四）このあたり岩波版が人文版とはニュアンスが違う。

（五）この患者としてのフェレンツィのケースについて、人文版は分析家と患者を取り違えて訳しているために全体的に意味不明となっている。この点で独語原本にSEは正確である。

（六）ここで脚の痛みを人文版は骨の痛みと誤訳している。

（七）人文版は誤読している。「以上二つの対照的な考え方を選んだのはもちろんそれがかけ離れているからである」と。

（八）SEの training analysis は、人文版で教育分析、岩波版で養成分析と訳されている。ここでは訓練分析（日本の分析コミュニティのなかでこの活動を最も行っている、日本精神分析協会の採用している訳語）を採用する。

（九）人文版は「主現象と副現象の対立」とある。何のことかわからない。岩波版は「一次過程と二次過程」であり、GWをみる限り、こちらが正しい。

（一〇）人文版は「興味をひかれた」、岩波版は「正しいという気にさせられた」となっている。SEは明らかに岩波版寄りである。

（一一）SEでは agency、GWでは Instanz である。岩波版は「審級」という訳語を充てている。人文版は「場」という言葉にしている。ここでは agency の直訳として「機関」とする。「審級」はふつうの日本語として認識されていない珍しい語であり、Instanz とは明らかにその点が違っている。

（一二）人文、岩波は「観念」、「表象」とし、GWでは Vorstellung である。SEの imagination はどちらかというと誤訳か？

（一三）岩波版のみ「抑圧についての研究が神経症研究から出発した」とあるが、GWを参照しても誤訳である。

（一四）人文版は、抵抗があるあいだは解釈を投入しないという訳になっている。GW、SEとも、「自分自身のために解釈する」と直訳できるのだが、これが「解釈投与をしても自分自身のためだけだ」と言っているのか、「分析家のこころのなかだけで解釈する」と言っているのかはよくわからない。それこそ解釈の問題だが、ここは直訳で訳す。

（一五）人文版のみ、確信をもつ主語が分析家である。誤訳。

（一六）人文版のみ「強いためらいをもっていても結局は新しい道に進む」と新しい変化が強調されている。

（一七）人文版はふたつの人生論が「対立することを疑うものはない」。誤訳である。

（一八）人文版は、能動的な立場の人物を分析家と訳している。受動的な分析家というテーゼからみても、危険にさらされるのは患者だから気をつけろ、という文脈からも、その訳は疑問である。

（一九）人文版、岩波版には「非の打ちどころのない」「申し分ない」用語とある。GWで voll betreffende Beziehung とあるのに対応しているが、SEにはこの単語に相当する表現が全くない。文脈からみて不要だとストレイチーが判断したのか。

（二〇）SEでは「成功」の時制は現在完了である。人文版、岩波版は未来で訳している。

分析における構成（一九三七）

I

ある名の知られた科学者の大きな功績だといつも考えてきたことがある。それは、当時は他のほとんどの人々はそんなことをする義務があるとは感じていなかったのに、彼が精神分析を公正に扱ってくれたことである。それにもかかわらずあるとき、彼は分析技法について、軽蔑的であると同時に不当でもある意見を述べた。彼が言ったのは、私たちが患者に解釈を伝えるとき、あの有名な「表なら私の勝ち、裏なら君の負け Heads I win, tails you lose」[a]という原則に基づいて患者を扱っているということである。患者が私たちに同意すれば、解釈は正しい。患者が私たちに反対すれば、それは抵抗のしるしに過ぎないので、この場合も私たちが正しいことを示している。こうして、私たちが伝えたことに対して、分析を受けているこのかわいそうな寄る辺ない惨めな人物がどんな反応をしたとしても、彼の前で私たちは正しいということになる。患者からの「No」は一般的に言って、解釈が間違っているとしてそれを私たちに捨て去らせるほどには正しくはない。それは事実である。だから、私たちの技法のありさまをそのように暴きたてることは、分析に対する敵対者にとって非常に歓迎すべきことであった。したがって、分析治療中に患者の言う「Yes」か「No」という同意もしくは否定の表現に対する評

（a）［原文も英語表記］

価に、私たちがひごろどのように到達しているかについて詳しく説明することには価値がある。（一）もちろん、実践している分析家がこのような弁明のなかでまだ知らないことを学ぶことは何もないだろう。（b）

分析の仕事がめざすことが、患者が早期発達に属する（きわめて広い意味での）抑圧を放棄し、それを心的に成熟した状態に対応する反応に置き換えるように導くことであることは周知のことである。この目的のために患者は、そのときまでは忘れている特定の体験やその体験によって引き起こされた情動的衝動を想起するように導かれねばならない。患者の現在の症状や制止はこうした抑圧の結果であることを私たちは知っている。つまり、それらは彼が忘れたことの代替物である。失われた記憶の回復の途上に患者を導くために、私たちが利用できるものとしてどのようなものを彼は提供してくれるだろうか。ありとあらゆる種類のものがある。患者は夢のなかに現れたそうした記憶の断片を私たちに伝えてくる。その断片それ自体はきわめて貴重だが、概して、夢の形成に関与するすべての要因によってはなはだしく歪曲されている。次に彼が「自由連想」に身をゆだねれば、彼はいろいろな考えを生み出す。その考えのなかで私たちは、抑圧された体験のほのめかしや抑えこまれた情動的衝動の派生物をそうしたものに対する反応とともに見出すことができる。そして最後に、抑圧された素材に属する情動の反復という手がかりがある。それらは分析状況の内外において患者によって演じられる、あるときにはかなり重要な、あるときには取るに足らない行為のなかに見出される。私たちの経験が示しているのは、分析家に向けて成立する転移関係がこのような情緒的つながりの回帰にとりわけ都合が良いようにもくろまれているということである。そうした生《なま》の材料、そう呼んでよければだが、のなかから、私たちは探しているものをまとめ上げなければならない。

（b）［この議論はフロイトの以前の論文で取り上げられている。「否定」（一九二五h）『標準版』一九巻二三五頁と二三九頁。そして「ドラ」の分析（一九〇五e）の第一章の一節『標準版』七巻五七頁と一九二三年に同じ節に付け加えられた脚注。「鼠男」の分析（一九〇九d）の第一章（D）『標準版』一〇巻一八三頁の脚注も参照。］

私たちが探しているものは、信頼するに足りるだけでなくすべての本質的な点において完全な、患者の忘れられた年月の全体像なのである。しかしここで思い起されることは、分析の仕事がふたつの全く異なる部分から成り立っていること、ふたつの分離した場所において行われているということ、つまり、異なった課題を割り当てられたふたりの人間を必ず含んでいるということである。このような基本的な事実が当然指摘されるべきであるのに長いあいだ指摘されてこなかったことは、一瞬奇妙に感じられるかもしれない。しかし即座に気づくことは、このことにおいて隠されていることは何もなく、ただ、それが普遍的に知られている事実でいわば自明なことであって、単にここで浮き彫りにされ、特定の目的のために切り離して検討されているに過ぎないということである。分析を受けている人が、体験して抑圧したことを想起するように導かれなければならないことを私たちはみな知っている。この過程の力動的決定因がたいへん興味深いものであるために、この仕事のもうひとつの部分、つまり分析家によって行われている課題（二）が背景に押し込められてきた。分析家は検討中の素材を何ひとつ体験も抑圧もしたことがない。それゆえ彼の課題が何かを思い出すことであるはずがない。では彼の課題とはなん**であろうか**。彼の課題とは忘れられてしまったことをそれが残した痕跡から見きわめること、より正確に言えば、**構成**することである。彼の構成を分析を受けている人物にいつどんなふうに伝えるかが、その構成に加える説明とともに、分析の仕事のふたつの部分、つまり分析家自身の役割と患者の役割とのあいだのつながりをかたちづくる。

構成、あるいは再構成の方が好ましいかもしれないが、その仕事は、破壊され埋没された住居や古代建造物の考古学者による発掘作業にかなり似ている。このふたつの過程は事実上同一である。ただ、分析家がより良い条件で仕事をし、彼の助けになる素材を自由にできるということが違っている。彼が壊されておらずまだ生きているものを扱っているからである。ひょっとしたら他にも理由があるかもしれない。考古学者はまだ残存する建築の基礎部分から壁を築き上げ、床の窪みから柱の数と位置を決定し、廃墟に見出された残骸から壁面装飾や壁画を再構成するが、分析家も記憶の断片、連想、そして分析主体のふるまいから推論を導き出すときに、同じように進んで行く。まだ存続している遺物を補足したり組み合わせたりすることによって再構成する権利をこの両者がもつことに、議論の余地はない。さらに、両者ともに同じような困難と誤差の原因にさらされる。考古学者が直面する最も扱いにくい問題のひとつが、彼の発見したものの相対年代の決定であることはよく知られている。ある物体がある特定の地層で出現した場合、それがその地層に属するのか、その後のなんらかの擾乱によってその地層に沈んだものなのか、決定されないままになることもしばしばである。分析での構成においてもそれに相当する疑いが生じることは、容易に想像できる。

　すでに述べたように、分析家は考古学者よりも有利な条件で仕事をしている。なぜなら、彼には、発掘においてはそれに対応するものがない、自由に使える素材があるからである。たとえば、乳幼児期に端を発する反応の反復や、こうした反復に結びつく転移によって示されるすべての事柄がそれに当たる。しかし、これに加えてこころに留めておかねばならないことは、発掘をする人が機械的損傷、火災、略奪によって多くの重要な部分が確実に失われてしまった、破壊された物体を取り扱っているということである。いかなる努力をもってしてもその失われた部分を発見したり、それらを残存している遺物とつなぎ合わせたりすることはできない。唯一取りうる（三）のは再構成という道筋であり、そうしたわけで、ある程度の蓋然性にしか到達できないことがしばしばである。しかし、分析家がその早期の歴史をもう一度組み立てようとしている心的対象の場合は違っている。ここで私たちは、ポンペイやツタンカーメンの墓のような[四]稀な事態において考古学的対象に生じる状況に常に出会う。本質的なものすべては保存されている。完全に忘れられてしまったかに見えることでさえ、何らかの形でどこかには存在し、単に埋蔵されて主体にとって手が届かなくなっているに過ぎない。実際のところ、知っての通り、どんな心的構造も完全な破壊を現実にこうむりうるかどうか疑わしいと言えよう。隠されたものを完全に明るみに出すことに成功するかどうかは、ただ分析技法にのみかかっている。この分析の仕事が享受する圧倒的な有利さに不利に働く事実がもうふたつだけある。すなわちそれは、心的対象が発掘される素材とはくらべものにならないほど複雑であることと、その微妙な構造が未だに不可思議なことを多く含んでいるために、発見を予期しているものについての私たちの知識が不十分であることである。しかし、二種類の仕事の比較をこれ以上進めることはできない。というのも、そのふたつのあいだの主要な相違は、考古学者にとって再構成が彼の努力の目標であり目的であるのに対し、分析にとって構成は準備的作業に過ぎないからである。

Ⅱ

とはいえ、準備的作業とは、次の仕事が始められる前にそのすべてを終わらせておかねばならないという意味ではない。たとえば、家を建てる際、部屋の内装に着手する前にすべての壁を建てすべての窓をはめ込んでおかなければならないということではない。分析家なら誰でも知っていることだが、分析治療で起こることは違っている。ふたつの仕事は両方とも並行して進められ、ひとつが少し先に行き、もうひとつはその後に続く。すなわち、分析家は構成を一部仕上げると分析主体に作用を及ぼすようにそれを彼に伝える。その次に分析家は自分に注ぎ込まれた新たな素材からさらなる部分を構成し、それを同じように扱う。(五) 彼は最後までかわるがわるこうしたことを続ける。さて、分析技法の説明において、「構成」についてあまりにわずかしか述べられていないのは、そのかわりに「解釈」とその効果について語られているからである。しかし私が思うに、「構成」はもっとはるかに適切な記述である。「解釈」はひとつの連想や失錯行為といった素材の個々の要素に対してなされることに当てはまる。分析主体が忘れてしまった早期の歴史の一片を、たとえば以下のように彼の前に差し出すとき、それは「構成」である。「あなたは〇歳までお母さんを無制限に独占できる唯一の存在だと自分のことを思っていたけれども、もうひとり赤ちゃんができて、深い失望を味わった。お母さんはしばらくのあいだあなたから離れ、そして再び現れた後もあなたのことだけにかかりきりになることは二度となかった。お母さんに対するあなたの気持ちはアンビバレントなものとなり、あなたにとってお父さんが新たな重要性を帯びるようになった」というように。

この論文では構成によってなされる準備的作業のみに注意を向けよう。ここでまずはじめに疑問が生じる。私たちがこうした構成に取り組んでいるときに、誤って不正確な構成を持ち出すことによって治療の成功を危険にさらすことはないという保証があるのかという疑問である。この疑問に対する一般的な回答は、いずれにせよ与えられないように思われる。しかし、それを論じる前に、分析経験からもたらされるこころ安まる情報に耳を傾けてみよう。というのは、ひとたび間違いを犯し、誤った構成を可能性の高い歴史的真実として提示しても害がないことを、私たちは経験から学んでいるからである。もちろん、時間はむだになり、誤った結びつきしか患者に伝えることはできない者は患者に良い印象を与えることも治療をはるか先まで進めることもできない。しかし、そのような単一の間違いで害が与えられることはない。(c)そうした場合実際に起こることはむしろ、患者が言われたことに影響を受けないかのような状態に留まり、それに対して「Yes」とも「No」とも反応しないということである。このことが意味するのは、反応が先延ばしされているということに過ぎないかもしれない。しかし、さらに何の展開もなければ、私たちは間違いを犯したと結論づけ、権威をそこなうことなく適切な場面で患者に対してそのことを認めるだろう。そういった機会が生じるのは、何らかの新しい素材が明るみに出て、それによって私たちがより良い構成を作り出して過ちを正すことができるときである。このようにして誤った構成は、まるでそれが一度も作られなかったかのように消え去る。実際、ポローニアスの言葉を借りれば、「嘘を餌に真実の鯉を釣り上げる」とでもいうような印象を受けることがよくある。私たち自身が信じていて患者が信じるべきではないことを受け入れるように説得することで、暗示によって患者を道に迷わせてしまう危険は、たしかにとてつもなく誇張されてきた。しかしそういった不運が分析家に起きるとしたら、その前に彼は非常に誤ったふるまいをしていたに違いない。とりわけ、彼は患者に発言の機会を許さなかったことで自分自身を責めなければならないだろう。自慢ではなく、私の実践においては、このような「暗示」の悪用が起きたことは一度もないと断言できる。

今まで述べてきたことからしても、患者に構成のひとつを提示したときに、患者の反応から推測される徴候を私たちが無視したいなどとは全く思わないということが、すでに当然のこととして出てくるだろう。この点はより詳細に検討せねばなるまい。私たちが分析を受けている人物の「No」という言葉を額面通り受け取らないことは確かである。しかし、それと同様、

(c)［誤った構成の一例は「狼男」の病歴（一九一八b）の第三節の冒頭、『標準版』一七巻一九頁で言及されている。］

彼の「Yes」もその通りには受け取らない。いつも患者の発言をねじまげて確証を得ていると私たちを非難することは正当ではない。実際にはものごとはそう単純ではなく、私たち自身にとっても結論に至ることはそれほど簡単ではない。

患者からのはっきりとした「Yes」は、決して一義的ではない。確かにその「Yes」が、彼に提示した構成の正しさを彼が承認していることを意味することもありうる。しかし、それは無意味であるかもしれないし、さらには、「偽善的」という表現に値することもありうる。なぜなら、彼の抵抗にとってはそうした状況において同意という態度を利用することが、まだ発見されていない真実の隠蔽を長引かせるために都合が良いかもしれないからである。そうした「Yes」は引き続いて間接的な証拠が現れたり、あるいはその「Yes」の直後にその構成を完成させ拡張させる新たな記憶を患者が生み出したりすることがない限り、価値はない。そのような場合においてのみ、私たちはその「Yes」がその時点で問題になっている主題に完全に対処したものだと考える(d)。

分析中の患者の「No」は同様に非常に多義的であり、実際、「Yes」よりさらに価値をもたない。それが真の不同意の表現であるとわかることはまれな場合においてのみである。もっとはるかに多いのは、提示された構成の主題となる内容によって引き起こされたであろう抵抗をその「No」が表現している場合である。しかし、抵抗は複雑な分析状況においては、何かほかの要因からも同じようにたやすく生じうる。したがって患者の「No」は構成の正しさの証拠とはならないが、その正しさと完全に両立しうる。そうした構成はどれも不完全であり、忘れられたできごとの小さな断片を含んでいるに過ぎないのだから、患者が実は伝えられたことに反論しているのではなく、まだ明らかにされていない部分に基づいて異議を申し立てている

(d)〔「夢解釈の理論と実践についての見解」(一九二三c)の第七節、『標準版』一九巻一一五頁を参照。〕

のだ、と想定することも自由だろう。概して患者は真実の全体を知ってはじめて同意を与えるものである。そしてその真実の全体というものは、しばしば非常に広大な領域に広がっている。したがって彼の「No」についての唯一の安全な解釈は、それが不完全さを指し示しているということである。その構成が彼にすべてを伝えていないことに疑う余地はない。

こうして、構成が与えられた後の患者の直接的な発言は、私たちが正しかったか間違っていたかという問いに対する証拠をほとんど与えてくれない。それよりも一層興味深いことは、あらゆる点で信頼に足るいろいろな間接的な形の確証があるということである。それらのひとつは多くのさまざまな人々によって、ほとんど変わらずに（まるで申し合わせたかのように）使用される言い回しである。それは、「私はそんなことを（あるいはそんなことについて）考えたことがありません。（あるいは考えたことなどあるはずがありません）」である。(e) これは「そうです、今度はあなたは正しい、私の**無意識**に関しては」と何のためらいもなく翻訳することができる。この決まり文句は分析家にとって歓迎されるものなのだが、残念なことに彼が広範囲にわたる構成を伝えた後よりも、ひとつひとつのことについての解釈の後の方が頻繁に彼の耳に届く。患者が構成の内容と同じようなあるいは類似した何かを含む連想によって反応するときにも、同様に価値ある確証が暗黙に示されている（この場合には肯定的な方向で表現された確証である）。この種の実例を分析から引っ張り出す代わりに（見つけるのは簡単だろうが説明が長くなってしまうので）、あまりにぴったり過ぎてほとんど滑稽に感じられるような分析外のちょっとした体験を述べることにしよう。ずいぶん昔のことだが、私を医療実践のコンサルタントに選んでくれていた同僚にまつわる話である。ある日彼は、自分にとってやっかいを引き起こしている自分の若い妻を私に会わせようとして連れてきた。彼女はありとあらゆる

(e) 〔ほとんど全く同じ一節が「否定」（一九二五h）『標準版』一九巻二三九頁の最後のところに出ている。〕

口実を使って彼との性的関係を拒んでおり、彼が私に期待していることは明らかに、彼女の賢明でない態度が招く結果を私が彼女に伝えてくれるということであった。私はこの問題に立ち入って、彼女の拒絶がおそらく彼女の夫の健康にとって不幸な結果を引き起こすか、あるいはそれによって結婚の破綻を招きかねない誘惑に彼の身がさらされることになるだろうと彼女に伝えた。このとき、彼は突然私を遮って「あなたが脳腫瘍と診断したあのイギリス人も死にましたよ」と言った。初めはその発言は理解不能に思えた。彼の言った「も」が不思議であった。なぜなら私たちは他の亡くなった人のことなど話していなかったからである。しかし、その後すぐに私はわかった。その男は明らかに私の言っていたことを確証することを意図していた。「ええ確かにあなたは全く正しいです。あなたの診断はそのもうひとりの患者のときにも確証されました」と言おうとしていたのである。それは分析において連想から得られる間接的証拠と、まさにぴったりと対応するものであった。とはいえ私は、同僚の発言を決定することに加担した彼が脇に置いている他の考えが存在するということを否定しようとしているわけではない。

　連想から得られる、構成の内容に一致する間接的確証、たとえば、私の体験における「も」のようなものは、構成が分析の経過中に確証される可能性があるかどうかを判断するための価値ある根拠を提供する。とりわけ印象深いのは、失錯行為によって、この種の確証が直接的否定に紛れ込んでいるような場合である。私はかつて別のところでこのことの見事な一例を発表した。[f]「ヤウナー Jauner」という名前（ウィーンではよくみられるが）が私の患者の夢に繰り返し現れ、連想のなかでは十分な説明が見出せなかった。彼の言う「ヤウナー Jauner」がおそらく「ガウナー Gauner」〔詐欺師〕を意味しているのだと、[六]ついに私が解釈を提示すると、彼はすぐに応えて「それは私にとってはあまりに『jewagt』〔『強引 gewagt』のかわりに〕です」

（f）〔次の脚注を見よ。〕

といった(g)。あるいは別の例では私が患者に、料金が高すぎると考えているのだと示唆したとき、彼は「私には一〇ドルは大した額ではない」という言葉で私の示唆を否定するつもりでドルの代わりにより低い貨幣単位をもってきて「一〇シリング」といった。

　分析が、罪悪感、マゾキズム的苦痛欲求、分析家の助力を得ることへの嫌悪感のような陰性治療反応(h)を押し付けてくる強力な因子によって支配されているときには、構成を提示された後の患者の態度が、私たちが求めている決定にたどりつくことをしばしば非常に容易にしてくれる。構成が誤っている場合、患者には何の変化も現れない。しかし、それが正しかったり、真実に近いことを伝えたりする場合、彼は症状や一般状態の見落とすこともできないほどの悪化によって反応する。

　構成に対して分析中の患者が取る態度の重要性を、私たちが無視したり過小評価したりしているという非難が正当でないことを断言することによって、この問題を総括することができるだろう。私たちは患者に注意を払い、しばしば彼らから価値ある情報を引き出す。しかし、これらの患者の側の反応が一義的であることはほとんどなく、最終的判断の機会を提供してくれるわけではない。さらなる分析経過のみが、その構成が正しいか役に立たないかを決めることができる。私たちは、個々の構成が吟味や確証や棄却を待ち受けているひとつの推測以上のものだと偽ることはない。私たちはその構成に権威があると主張はしないし、患者からの直接的な同意を要求することもないし、彼が最初に否定しても彼と議論することもない。要するに、私たちはネストロイの笑劇(i)のひとつにおけるよく知られた人物にならって行動する。その召使はどんな質問や反論にもたったひとつの答えを口にする。「すべてはこれからのことの成り行きのなかでわかってくるでしょう」。

（g）［『日常生活の精神病理学』（一九〇一b）の第五章、『標準版』六巻九四頁。卑俗な話し言葉では「g」はしばしばドイツ語の「j」（英語の「y」）のように発音される。］

（h）［『自我とエス』（一九二三b）の第五章、『標準版』一九巻四九頁を参照。］

（i）［『亀裂 *Der Zerrissene*』］

Ⅲ

このことが分析過程のなかでどう起きるのか、どのように私たちの推測が患者の確信に変容するのかを述べてもほとんど意味がない。すべての分析家にとって日々の経験でなじんでいることであり、難なく理解できることだからである。ただひとつ検討と解明が求められる点がある。分析家の構成から始まる道は、患者の想起で終わるはずである。しかし、常にそこまでたどり着くとは限らない。抑圧されたものを想起するように患者を導くことに私たちが成功しないことは非常にしばしばである。(j) しかし、その場合にはそのかわりに、分析が正しく遂行されれば、私たちは患者のなかにその構成の真実に対する納得のいく確信を生み出し、それは再獲得された記憶と同じような治療的結果を達成するのである。このことが起きるのはどのような状況のもとでなのか、そして不完全な代用物に見えるものが、それにもかかわらず完全な結果を生じるということがどのようにして可能になるのかという問題が生じる。こうしたことのすべては今後の研究にゆだねられる事柄である。

私は、より広い視野を開くようないくつかの見解を示して、この短い論文を締めくくろうと思う。私にとって印象的だったことは数人との分析で、明らかに適切な構成を伝えたことが患者のなかに当初理解しがたい驚くべき現象を引き起こしたそのありさまである。彼らは自分のなかに呼び起された生々しい記憶を得て、それを自身では「超‐鮮明」(k) だと表現したが、彼らが想起したものは構成の主題であったできごとではなく、その主題と関連する細部であった。たとえば、その構成に含まれる人々の顔やその種のできごとが生じたであろう部屋、あるいは

(j)〔『自我とエス』(一九二三b)『標準版』一九巻四九頁を見よ。〕

(k)〔ここで記述された現象は『日常生活の精神病理学』(一九〇一b)でのフロイトによる観察に遡っているように思える。『標準版』四巻一三頁の長い脚注を見よ。この断片は、そこで語られた特定のエピソードへのほのめかしであるかもしれない。同書二六六―二六七頁。さらに以前の論文「度忘れの心的機制について」(一八九八b)『標準版』三巻二九〇―二九一頁とその脚注二九七頁、そして「隠蔽想起について」(一八九九a)同書三一二―三一三頁を参照。それらの引用部分全てにおいてフロイトは、同じ単語 '*überdeutlich*'、ここでは '**ultra-clear**'「超‐鮮明」と翻訳されている、を使っている。〕

さらに一歩進んで、その主題についてその構成が当然なんら知識をもつ可能性もないような、そうした部屋の家具を異常なまでの鮮明さをもって彼らは想起した。このことは、構成が伝えられた直後の夢においても空想に似た覚醒状態においても生じたのである。これらの想起はそれ自体さらに何かを導き出すことはなく、妥協の産物であると見なすのが妥当であるように考えられる。構成が伝えられたことで活性化された、抑圧されたもののもつ「浮上力」は重要な記憶痕跡を意識のなかへと持ち込もうとした。実際抵抗はその運動を**止める**ことには成功しなかったが、重要性の少ない隣接する対象へと**置き換える**ことに成功したのである。

これらの想起は、実際に存在しているという確信がその鮮明さに加えられれば幻覚として記述されたかもしれない。この類推の重要性は、精神病的でないことが確実な他の患者たちの場合にときおり真の幻覚が生じることに気づいたとき、さらに大きいと思われた。私の思考の道筋は次のように進んでいった。ひょっとすると、今まで十分に注意を払われなかった幻覚の一般的な特徴は、そのなかにおいて幼児期に体験されその後忘れられた何かが回帰するということではないだろうか。それは彼がまだほとんど話せなかったときに見たり聞いたりした何かであり、今やそれがこの回帰に対抗するいろいろな力の作動によって、おそらくは歪曲され置き換えられて、意識のなかへと押し入るのである。そして、幻覚と特定の型の精神病との密接な関係を考えると、私たちの考えの筋道はさらに先へと進むことができよう。これらの幻覚が組み込まれている妄想は、私たちが通常想定している以上に無意識の浮上力と抑圧されたものの回帰に依拠していることもありえる。妄想の機制において私たちは概ねふたつの要因のみを強調する。一方では現実世界から目をそむけることとその動機となる諸力、もう一方では妄想内容に及ぼす願望充足の影響である。しかしむしろ、力動的過程は以下のようなことなのではないだろうか。現実からの離反はその内容を意識のなかに押し込もうとするために抑圧された浮上力によって利用されており、この過程によって引き起こされる抵抗と願望充足の傾向は想起されるものの歪曲と置き換えについての責任を分担しているのである。このことは結局のところ、よく知られた夢の機制である。太古から直観は夢を狂気と同等視してきた。

妄想についてのこの見解は私が思うに、全部が全部新しいというわけではないが、通常前面に出てこないひとつの観点を強調している。この理解の本質は、狂気のなかには詩人がすでに気づいていたように、**方法**があるだけでなく、**歴史的真実**の断片もあるということである。妄想に付随する強迫的信念が、まさにこの種の幼児的源泉から力を引き出していることはもっともらしく思える。今日私がこの理論を支持するために提示できることのすべては、回想であり、新鮮な印象ではない。ここで提示してきた仮説に基づいていま問題としているような症例の研究を試み、同様な方針で治療をも行うなら、おそらく価値あるものになるだろう。妄想による誤解と現実との矛盾を患者に納得させようとする無駄な努力は放棄されることだろう。それどころか、真実の確信を認識することが、治療的作業の発展のもとになる共通基盤を与えてくれることだろう。その仕事は、歴史的真実の断片を歪曲と現時点での現実的なものへの執着とから解放し、それが帰属する過去の時点へと連れ戻すということにあるということになるだろう。忘れられた過去からの素材を現在あるいは未来への予期に置き換えることは、実際には精神病者だけでなく神経症者にもよく起きる。神経症者が不安状態に陥って、何か恐ろしいことが起きるのではと予期するとき、実際には彼がその当時恐ろしかったことがまさに現実に起きたということ(意識に入ろうとしつつも意識できない)抑圧された記憶の影響下にあるに過ぎないということがしばしばなのである。精神病者に対するこの種の仕事からは、治療的成功が導かれなかったとしても、多大な価値ある知識が得られるはずだと私は思う。

これほど重要なテーマを私がここで用いたような大まかなやり方でも取り扱うことが、あまり役に立たないことに私は気づいてはいる。しかしそれにもかかわらず、私は類推の誘惑に抵抗できなかった。患者の妄想は、私からすると、分析治療の経過中に私たちが作り上げる構成の等価物のように見える。つまり説明と癒しの試みなのである。しかし、それらは精神病という状態下で、現在において否認されている現実の断片をすでに遠い過去に否認されたもうひとつの断片によって置き換える以上のものではないということも真実である。現在の否認という素材ともともとの抑圧という素材とのあいだの緊密な関係を明らかにすることが、個々の症例検討の課題だろう。失われた体験の断片を回復することによってのみ私たちの生み出した構成が効果をもつのと同じように、妄想はその説得力をそれが拒まれた現実の場所に組み入れる歴史的真実の要素に負うている。このようにして、もともと私がヒステリーについてだけ主張した命題は妄想にも当てはまるだろう。つまり、そうした病気の患者は彼ら自身の回想に苦しんでいるという命題である。[l] 当時私はこの短い言い回しによって、病気の原因の複雑さに異議を唱えたり他の多くの要因の働きを除外したりするつもりは決してなかった。

人類をひとつの全体として考え、そしてその全体をひとりひとりの人間個人に置き換えるなら、その全体としての人類も論理的批判の届かない現実と矛盾する妄想を発展させてきたことを発見する。それにもかかわらず、そうした妄想が人間に対して途方もない力を及ぼすことができるとすれば、その検討はひとりひとりの個人の場合と同じような説明へと私たちを導くだろう。すなわち、そうした妄想はその力を、忘れられた太古の時代の抑圧からもたらされた**歴史的真実**の要素に負うているのである。[m]

（l）［ブロイアーとフロイト「暫定報告」（一八九三a）『標準版』二巻七頁を参照。］

（m）［最後の数段落の主題（「歴史的」真実）はこの時期においてフロイトのこころの多くを占めていた。そしてこの部分はそれについての彼の最初の長い議論である。それについての他の言及の完全なリストは、同じ問題を扱っている『モーゼという男と一神教』（一九三九d）の節の脚注の中に見出すことができるだろう（『標準版』二三巻一三〇頁）。］

監訳者注

（一）人文版は反対の意味に誤訳している。（説明しても）「仕方がない」。

（二）人文版はこの「課題」を「分析医の操作」としている。しかし、このあとの文脈から、課題がまずは患者に何かを「する」ことでなく、「見きわめる」といった内的作業であるだけに、かなり違和感がある。

（三）岩波版は「必要とされる」と訳している。GW、人文版からみて、必要性より可能性に言及していると考えられるが。

（四）人文版、岩波版は「幸運な例外」。SEは「幸運」を思わせる語はない。

（五）SEは deals with is とあるが、deals with it の誤植と考えて翻訳した。

（六）もちろん独語に jewagt という単語はない。

監訳者あとがき

この本は、フロイトの技法に関する論文のうち、いわゆるPapers on Techniqueとしてストレイチーがまとめた六本と「精神分析治療中の誤った再認識（すでに話した）について」、「終わりのある分析と終わりのない分析」、「分析における構成」の九本の論文を、英語標準版（いわゆるスタンダードエディション、〝Strachey, J. (ed.) The Standard Edition of the Complete Psychological Works of Sigmund Freud〟、以下ＳＥ）を底本に翻訳したものである。

企画の背景

この企画には、いくつかの背景がある。

フロイトの書物は精神分析をやるものが必ず読むものであり、何度も何度も読むものである。そのことは、どれほど多くの分析家の書物がそのあとに出版されようとけっして変わることはない。フロイトは、精神分析のほとんど可能なかぎりの論点を提起し、それとの対話によって精神分析の知の体系は構築されてきたのである。

私も、したがって、何度も何度もフロイトを読んだ。そのうち、翻訳の問題に突き当たった。当時一番流布していた邦訳は人文版だったから人文版を読んだのだが、ＳＥと照らし合わせると、人文版とＳＥの違いがかなり気になった。たとえば、この技法論の論文で言えば、〝working through (Durcharbeitung)〟という重要な概念が初出する論文で、それに「徹底操作」という言葉が充てられ、その主語が分析家であるように訳出されていること、「終わりのある分析と終わりのない分析」において、フェレンツィであろうと思われるフロイトのかつての患者との経緯の描写で、患者と分析家が取り違えられて訳出されていること、そういったことが私には気になった。人文版の全体を通覧すれば、気になることはおびただしくあった。そうした箇所を確かめるためにドイツ語版の全集ＧＷ（Gesammelte Werke）をひもとくと、たいていＳＥの方が正しいのだった。

ＧＷを底本とした新しい邦訳が出れば、それで問題はなくなるのだろう、と私は思っていた。しかし、岩波版が出て、私はかなりがっかりした。もちろん訳としてはかなり正確になっている。だが、たとえば、ケアという言葉が頻出している。私たち分析実践をやっている者のほぼ全員が、自分のやっている営みをケアという語で語られるのには違和感をもつだろう。これは **Kur** の訳語として採用されており、**Kur** は語源的に **cure** とつながりがあるようだが、少なくとも独和辞典では治療という訳語もあり、治療でいいのではと感じてしまう。私たち実践家は精神分析治療という言い回しは受け入れられるだろうが、精神分析ケアとは決して言わない。**Behandlung** を治療と訳したために別の語が必要になったのだろうか。ＳＥはこのふたつの独語をすべて **treatment** と訳している。そのため、本書では特に問題なく治療という語を採用した。

ほかにも、ワーキングスルーを反芻処理としたり、願望充足を欲望成就としたり、あまり、建設的な意味を感じない新訳語が岩波版には散見される。五〇年以上の歴史をもつ日本の精神分析的コミュニティの文化とはまったく無縁なところで翻訳がなされたからであろうか。

そういうわけで、せめて、一番実践に近い技法論だけでも、もう少し正確でかつ実践家にもう少しなじみやすい訳書があったらなあ、という思いがあった。

企画の実現にむけて

そこに火をつけてくれたのが、上智大学心理学専攻で私の教える博士課程の院生とそのＯＢたちである。彼らが何か私の還暦の記念になる仕事はできないだろうか、と言ってくれなかったら、この企画はなかっただろう。そのとき、私は年来の思いを実現できると感じたのである。

そのとき私はこの企画においては、英語標準版を底本にしようと考えた。フロイトが独語で書いたことは事実であるが、全世界の精神分析はいまや英語の文化である。ロンドンが精神分析の首都といってよく、世界中の精神分析家がSEを読んでおり、精神分析のほとんどの主要な雑誌は英語で出版されている。そうした雑誌の論文でフロイトが引用されているときは、ほとんどSEから引用される。

この現実を踏まえれば、英語標準版を底本とすることには積極的な意義があるように私は思った。そして、それに独語版を一定程度参照すれば、さらに面白いものになるだろう。

こうして博士課程の院生とOBの有志による下訳作業が始まった。彼らが下訳をやってくれたことが、この企画の実現につながったのである。下訳がはじまったのが二〇一二年の春で、夏の終わりにはすべての下訳が出揃った。院生OB諸氏の奮闘が思われる。

監訳作業について

だが問題はここからであった。訳文は相当にできがふぞろいであり、訳語の統一、文体の統一といったことも必要であった。ここから、人文版、岩波版より正確で読みやすい訳にするには相当の道程が必要だと思われた。私たちはこのことを実現するために、いままでおそらく試みられていないだろうと思われる次のような画期的な方法を考案し、採用した。

(1) 準　備

SE、人文版、岩波版、私たちの下訳の四種のテクストを一センテンスごとに並べた。一つのセンテンスのSE、人文、岩波、下訳の四つのバージョンを並列で見ることができるようにしたのである。そのような形ですべての論文の「監訳用文書」を構成した。

(2) 監訳作業セッション

そうした「監訳用文書」をすべての論文について作成したうえで、監訳作業セッションをもった。それは、当該論文の下訳者、監訳者である私、それを確認する人、私のコメントをメモする人、訳語の統一に向けてコメントする人という五人が私のオフィスや大学の個人研究室に集まっておこなうセッションであり、休日などをつぶして、一日二時間から七時間おこなった。セッションは以下のように進めた。

私がSEを一センテンス音読し、下訳者がその部分の下訳を音読する。人文版、岩波版を参照し、訳文を私が検討し、必要があれば手許においたGWを参照する。訳語統一についてのコメント、私の岩波版や人文版を参照しながらの訳文についてのコメントなどを担当者がメモしつつ、訳文が決まるとそれを下訳者が上書き修正して新しい訳稿ができる。これを一センテンスごとに積み重ねた。

このセッションは月に二―四回、結局、二〇一二年秋から二〇一四年夏まで二年間続いた。

(3) 仕上げ作業

これは二〇一四年の夏休みに行った。こうしてできた新しい訳稿をゲラに起こし、私が訳文の練り直し、用字法の統一などによって読みやすい日本語にすると同時に、監訳作業セッション中の私のコメントのうち、人文版、岩波版との違いが出た点など、監訳者注として残した方がよいものを文章化した。

こうした一連の作業を経て、今回の翻訳テクストは出来上がっている。今までの訳よりも正確で読みやすくなっているという自負はあるが、もちろん、完全ということはないだろう。しかし、ともかくも私の考えでは、いままでのところ、最も正確で読みやすい技法論文集にはなったと思う。

いくつかの訳語について

この訳書で採用した訳語について、いくつか付け加えておこう。

instinct については「欲動」を採用した。それは最近の訳書でこれが Trieb の英訳であることを考えて、静的なニュアンスのある「本能」より動的な「欲動」を採用するものが増えているからである。

wish fulfillment については人文版と同様の「願望充足」を採用した。ここでの願望は主として性的願望であり、それは幼児性愛の正常な倒錯的願望に端を発していることはいうまでもない。そういったものは、覗いたり、舐めたりといった、部分欲動の活動の充足である。ある意味垂れ流し的なものである。それを「欲望成就」というような、成就というきわめて構築的なニュアンスのある言葉で語るのはかなり不適切である。

working through は「ワーキングスルー」とした。動詞のときには、「ワークスルーする」という言い回しにした。「徹底操作」という人文版の訳語は、人文版の訳者小此木が博士論文の主題とした「第一次操作反応」以来の操作という語の多用の一環である。小此木は、医学のなかで医者の主体的活動としての精神分析という側面をおそらく強調したかったのであろう。それがこの語の多用につながったのかもしれない。しかし、やはり、英訳語が独原語 Durcharbeitung のニュアンスを十分に伝えているのに比し、操作という語のニュアンスは機械的であり、その使用はきわめて疑問である。岩波版の「反芻処理」は、反芻という言葉が非生産的な思いめぐらしを意味する rumination の定訳となっているので、ワーキングスルーというもっとも生産的な分析主体の活動に触れる言葉としては不適切だと考えた。

さて、私は監訳者注で人文版、岩波版について、こころならずも批判を加える形になった。だが、私はそうした仕事をされた方々を貶めるつもりはまったくない。むしろ、そうした方々のおかげでフロイトに近づくことができ、その肩の上に乗って今回の訳業ができたことを思うとき、深い感謝の念を禁じえない。とくに若き日の小此木先生が、日本に精神分析を根付かそうとして従事された人文版の訳業がほんとうになされたのが教文社版出版のときであり、当時彼がまだ二〇代であったということを考えるとき、本当に涙ぐましいものを感じる。こうやって、日本の精神分析コミュニティの後進である私たちが新しい翻訳を生み、訳のところどころに誤りをみつけたとしても、日本の精神分析の将来を考えて、先生はきっと喜んでくださるだろうと思っている。

この訳書が正確で読みやすいものになっていることを私はひたすら願う。ともかくも、この訳書が日本で精神分析を志向する人たちの手に取ってもらえるものであることを願ってやまない。

私の還暦を祝うこの企画につきあってくれた私の指導院生とそのOBの方々、とくに当初から二年半の企画実現の過程を一貫してマネージしてくださった坂井俊之さん、鈴木菜実子さんに深く感謝いたします。また、訳語統一担当として監訳セッションに参加し続けてくれた山崎孝明さんに感謝いたします。最後に、粘り強く私たちを支えてくれた岩崎学術出版社の長谷川純さんに深い感謝の意を表します。

台風一過の神宮前にて

学問は恋に似てをり柘榴熟る

藤山 直樹

illusion de fausse reconnaissance', *F. psychol. norm. et path.*, 1, 17.
Hippocrates (1849) *The Genuine Works of Hippocrates* (2 vols.) (trans. Francis Adams), London.
Jones, E. (1957) *Sigmund Freud: Life and Work*, Vol.3, London and New York.
Jung, C. G. (1910) 'Über Konflikte der kindlichen Seele', *Jb. psychoan. psychopath. Forsch.*, 2, 33.
Jung, C. G. (1911) 'Wandlungen und Symbole der Libido', Part I, *Jb. psychoan. psychopath. Forsch.*, 3, 120. [*Psychology of the Unconscious*, New York, 1916; London, 1919.]
Rank, O. (1924) *Das Trauma der Geburt*, Vienna, 216–7.
Stekel, W. (1911a) *Die Sprache des Traumes*, Wiesbaden.
Stekel, W. (1911b) 'Die verschiedenen Formen der Übertragung', *Zbl. Psychoan.*, 2, 27.

Freud, S. (1921c) *Massenpsychologie und Ich-Analyse, G.W.*, 13, 73. [*Group Psychology and the Analysis of the Ego, S.E.*, 18, 67.]
Freud, S. (1923a) ' "Psychoanalyse" und "Libido Theorie" ', *G.W.*, 13, 211. ['Two Encyclopedia Articles', *S.E.*, 18, 235.]
Freud, S. (1923b) *Das Ich und das Es, G.W.*, 13, 237. [*The Ego and the Id, S.E.*, 19.]
Freud, S. (1923c) 'Bemerkungen zur Theorie und Praxis der Traumdeutung', *G.W.*, 13, 301. ['Remarks on the Theory and Practice of Dream-Interpretation', *S.E.*, 19, 109.]
Freud, S. (1923f) 'Josef Popper-Lynkeus und die Theorie des Traumes', *G.W.*, 13, 357. ['Josef Popper-Lynkeus and the Theory of Dreams', *S.E.*, 19, 261.]
Freud, S. (1924c) 'Das ökonomische Problem des Masochismus', *G.W.*, 13, 371. ["The Economic Problem of Masochism', *S.E.*, 19, 157.]
Freud, S. (1925f) *Prefece to August Aichhorn's Verwahrloste Jugend, G.W.*, 14, 565. [*Preface to Aichhorn's Wayward Youth, S.E.*, 19, 273.]
Freud, S. (1925h) 'Die Verneinung', *G.W.*, 14, 11. ['Negation', *S.E.*, 19, 235.]
Freud, S. (1925i) 'Einige Nachträge zum Ganzen der Traumdeutung', *G.W.*, 1, 561. ['Some Additional Notes upon Dream-Interpretation as a Whole', *S.E.*, 19, 243.]
Freud, S. (1926d) *Hemming, Symptom and Angst, G.W.*, 14, 113. [*Inhibitions, Symptoms and Anxiety, S.E.*, 20.]
Freud, S. (1926e) *Die Frage der Laienanalyse, G.W.*, 14, 209. [*The Question of Lay Analysis, S.E.*, 20, 179.]
Freud, S. (1930a) *Das Unbehagen in der Kultur, G.W.*, 14, 421. [*Civilization and its Discontents, S.E.*, 21, 59.]
Freud, S. (1931b) 'Über die weibliche Sexualität', *G.W.*, 14, 517. ['Female Sexuality', *S.E.*, 21, 223.]
Freud, S. (1933c) 'Sándor Ferenczi', *G.W.*, 16, 267. ['Sandor Ferenczi', *S.E.*, 22, 227.]
Freud, S. (1937c) 'Die endliche und die unendliche Analyse', *G.W.*, 16, 59. ['Analysis Terminable and Interminable', *S.E.*, 23, 211.]（「終りのある分析と終わりのない分析」として本書所収）
Freud, S. (1937d) 'Konstruktionen in der Analyse', *G.W.*, 16, 43. ['Constructions in Analysis', *S.E.*, 23, 257.]（「分析における構成」として本書所収）
Freud, S. (1939d [1937-39]) *Der Mann Moses und die monotheistische Religion, G.W.*, 16, 103. [*Moses and Monotheism, S.E.*, 23, 3.]
Freud, S. (1940a [1938]) *Abriss der Psychoanalyse, G.W.*, 17, 67. [*An Outline of Psycho-Analysis, S.E.*, 23, 141.]
Freud, S. (1950a [1887-1902]) *Aus den Anfdngen der Psychoanalyse*, London. Includes 'Entwurf einer Psychologie' (1895). [*The Origins of Psycho-Analysis*, London and New York, 1954. (Partly, including 'A Project for a Scientific Psychology', in *S.E.*, 1.)]
Grasse, J. (1904) 'la sensation du déjà vu; sensation du déjà entendu; du déjà éprouvé;

of Material from Fairy Tales', *S.E.*, 12, 281.]

Freud, S. (1914a) 'Über fausse reconnaissance ("déjà raconté") wahrend der psychoanalytischen Arbeit', *G.W.*, 10, 116. ['Fausse Reconnaissance ("déjà raconté") in Psycho Analytical Treatment', *S.E.*, 13, 201.]（「精神分析治療中の誤った再認識（「すでに話した」について）」として本書所収）

Freud, S. (1914c) 'Zur Einführung des Narzissmus', *G.W.*, 10, 138. ['On Narcissism: an Introduction', *S.E.*, 14, 69.]

Freud, S. (1914d) 'Zur Geschichte der psychoanalytischen Bewegung', *G.W.*, 10, 44. ['On the History of the Psycho-Analytic Movement', *S.E.*, 14, 3.]

Freud, S. (1914g) 'Weitere Ratschläge zur Technik der Psychoanalyse: II. Erinnem, Wiederholen und Durcharbeiten', *G.W.*, 10, 126. ['Remembering, Repeating and Working Through (Further Recommendations on the Technique of Psycho Analysis, II)', *S.E.*, 12, 147.]（「想起すること，反復すること，ワークスルーすること（精神分析技法に関するさらなる勧めII）」として本書所収）

Freud, S. (1915a) 'Weitere Ratschläge zur Technik der Psychoanalyse: III. Bemerkungen über die Übertragungsliebe', *G.W.*, 10, 306. ['Observations on Transference-Love (Further Recommendations on the Technique of Psycho-Analysis, III)', *S.E.*, 12, 159.]（「転移性恋愛についての観察（精神分析技法に関するさらなる勧めIII）」として本書所収）

Freud, S. (1915c) 'Triebe und Triebschicksale', *G.W.*, 10, 210. ['Instincts and their Vicissitudes', *S.E.*, 14, 111.]

Freud, S. (1915d) 'Die Verdrängung', *G.W.*, 10, 248. ['Repression', *S.E.*, 14, 143.]

Freud, S. (1915e) 'Das Unbewusste', *G.W.*, 10, 264. ['The Unconscious', *S.E.*, 14, 161.]

Freud, S. (1915f) 'Mitteilung eines der psychoanalytischen Theorie widersprechenden Falles von Paranoia', *G.W.*, 10, 234. ['A Case of Paranoia Running Counter to the Psycho Analytic Theory of the Disease', *S.E.*, 14, 263.]

Freud, S. (1916-17) *Vorlesungen zur Einführung in die Psychoanalyse, G.W.*, 11. [*Introductory Lectures on Psycho-Analysis, S.E.*, 15-16.]

Freud, S. (1918a) 'Das Tabu der Virginität', *G.W.*, 12, 161. ["The Taboo of Virginity", *S.E.*, 11, 193.]

Freud, S. (1918b [1914]) 'Aus der Geschichte einer infantilen Neurose', *G.W.*, 12, 29. ['From the History of an Infantile Neurosis', *S.E.*, 17, 3.]

Freud, S. (1919a [1918]) 'Wege der psychoanalytischen Therapie' *G.W.*, 12, 183. ['Lines of Advance in Psycho-Analytic Therapy', *S.E.*, 17, 159.]

Freud, S. (1919e) ' "Ein Kind wird geschlagen" ', *G.W.*, 12, 197. [' "A Child is Being Beaten" ', *S.E.*, 17, 177.]

Freud, S. (1919h) 'Das Unheimliche', *G.W.*, 12, 229. ['The "Uncanny" ', *S.E.*, 17, 219.]

Freud, S. (1920g) *Jenseits des Lustprinzips, G.W.*, 13, 3. [*Beyond the Pleasure Principle, S.E.*, 18, 3.]

Freud, S. (1905d) *Drei Abhandlungen zur Sexualtheorie, G.W.*, 5, 29. [*Three Essays on the Theory of Sexuality, S.E.*, 7, 125.]

Freud, S. (1905e [1901]) 'Bruchstück einer Hysterie-Analyse', *G.W.*, 5, 163. ['Fragment of an Analysis of a Case of Hysteria', *S.E.*, 7, 3.]

Freud, S. (1907c) 'Zur sexuellen Aufklärung der Kinder', *G.W.,* 7, 19. ['The Sexual Enlightenment of Children', *S.E.*, 9, 131.]

Freud, S. (1909a) 'Allgemeines über den hysterischen Anfall', *G.W.,* 7, 233. ['Some General Remarks on Hysterical Attacks', *S.E.*, 9, 229.]

Freud, S. (1909b) 'Analyse der Phobie eines fünfjährigen Knaben', *G.W.*, 7, 243. ['Analysis of a Phobia in a Five-Year-Old Boy', *S.E.*, 10, 3.]

Freud, S. (1909d) 'Bemerkungen über einen Fall von Zwangsneurose', *G.W.*, 7, 381. ['Notes upon a Case of Obsessional Neurosis', *S.E.*, 10, 155.]

Freud, S. (1910a [1909]) Über Psychoanalyse, *G.W.*, 8, 3. ['Five Lectures on Psycho-Analysis', *S.E.*, 11, 3.]

Freud, S. (1910c) *Eine Kindheitserinnerung des Leonardo da Vinci, G.W.*, 8, 128. [*Leonardo da Vinci and a Memory of His Childhood, S.E.*, 11, 59.]

Freud, S. (1910d) 'Die zukünftigen Chancen der psychoanalytischen Therapie', *G.W.*, 8, 104. ['The Future Prospects of Psycho-Analytic Therapy', *S.E.*, 11, 144.]

Freud, S. (1910k) 'Über "wilde" Psychoanalyse', *G.W.*, 8, 118. [' "Wild" Psycho-Analysis', *S.E.*, 11, 221.]

Freud, S. (1911c) 'Psychoanalytische Bemerkungen über einen autobiographisch beschriebenen Fall von Paranoia (Dementia Paranoides)', *G.W.*, 8, 240. ['Psycho-Analytic Notes on an Autobiographical Account of a Case of Paranoia (Dementia Paranoides)', *S.E.*, 12, 3.]

Freud, S. (1911e) 'Die Handhabung der Traumdeutung in der Psychoanalyse', *G.W.*, 8, 350. ['The Handling of Dream-Interpretation in Psycho Analysis', *S.E.*, 12, 91.]（「精神分析における夢解釈の取り扱い」として本書所収）

Freud, S. (1912b) 'Zur Dynamik der Übertragung' *G.W.*, 8, 364. ["The Dynamics of Transference', *S.E.*, 12, 99.]（「転移の力動」として本書所収）

Freud, S. (1912c) 'Über neurotische Erkrankungstypen', *G.W.*, 8, 322. ['Types of Onset of Neurosis', *S.E.*, 12, 22.

Freud, S. (1912e) 'Ratschläge für den Arzt bei der psychoanalytischen Behandlung', *G.W.*, 8, 376. ['Recommendations to Physicians Practising Psycho Analysis', *S.E.*, 12, 111.]（「精神分析を実践する医師への勧め」として本書所収）

Freud, S. (1913c) "Weitere Ratschläge zur Technik der Psychoanalyse: I. Zur Einleitung der Behandlung', *G.W.*, 8, 454. ['On Beginning the Treatment (Further Recommendations on the Technique of Psycho-Analysis, I)', *S.E.*, 12, 123.]（「治療の開始について（精神分析技法に関するさらなる勧めⅠ）」として本書所収）

Freud, S. (1913d) 'Märchenstoffe in Träumen', *G.W.*, 10, 2. ['The Occurrence in Dreams

文献

Adler, A. (1911) 'Beitrag zur Lehre vom Widerstand', *Zbl. Psychoan.*, 1, 214.

Aichhorn, A. (1925) *Verwahrloste Jugend*, Vienna.

Bleuler, E. (1911) *Dementia Praecox, oder Gruppe der Schizophrenien*, Leipzig and Vienna. [*Demmentia Preacox, or the Group of Schizophrenias*, New York, 1950.]

Breuer, J. & Freud, S. (1893) → Freud, S. (1893a)

Breuer, J. & Freud, S. (1895) → Freud, S. (1895d)

Brunswick, R. Mack. (1928) 'A Supplement to Freud's "History of an Infantile Neurosis", *Int. J. Psycho-Anal.*, 9, 439.

Capelle, W. (1935) *Die Vorsokratiker*, Leipzig.

Eisler, R. (1929, 1930) *Ιησους βασιλευς ου βασιλευσας* (2 vols.), Heidelberg. [*The Messiah Jesus and John the Baptist,* London, 1931.]

Ellis, Havelock (1911) *The World of Dreams*, London.

Ferenczi, S. (1909) 'Introjektion und Übertragung', *Jb. psychoan. psychopath. Forsch.*, 1, 422. ['Introjection and Transference', *First Contributions to Psycho-Analysis*, London, 1952, Chap. II.]

Ferenczi, S. (1928) 'Das Problem der Beendigung der Amalysen' *Int. Z. Psychoan.*, 14, 1. ['The Problem of the Termination of Analysis', *Final Contributions to the Problems and Methods of Psycho-Analysis*, London and New York, 1955, Chap. VII.]

France, A. (1914) *La revolte des anges,* Paris.

Freud, A. (1936) *The Ego and the Mechanisms of Defence*, London.

Freud, S. (1893a) With Breuer, J., 'Über den psychischen Mechanismus hysterischer Phänomene: Vorläufige Mitteilung' *G.W.*, 1, 81. ['On the Psychical Mechanism of Hysterical Phenomena: Preliminary Communication', *S.E.*, 2,3.]

Freud, S. (1895d) With Breuer, J., *Studien über Hysterie, G.W.*, 1, 77. [*Studies on Hysteria, S.E.*, 2.]

Freud, S. (1898b) 'Zum psychischen Mechanismus der Vergesslichkeit, *G.W.*, 1, 519. ['The Psychical Mechanism of Forgetfulness', *S.E.*, 3, 289.]

Freud, S. (1899a) 'Über Deckerinnerungen", *G.W.*, 1, 531. ['Screen Memories', *S.E.*, 3, 301.]

Freud, S. (1900a) *Die Traumdeutung, G.W.*, 2-3. [*The Interpretation of Dreams, S.E.*, 4-5.]

Freud, S. (1901b) *Zur Psychopathologie des Alltagslebens, G.W.*, 4. [*The Psychopathology of Everyday Life, S.E.*, 6.]

Freud, S. (1905a [1904]) 'Über Psychotherapie', *G.W.*, 5, 11. ['On Psychotherapy', *S.E.*, 7, 255.]

や行

ら・わ行

な行

は行

ま行

さ行

た行

索　引

あ行

か行

編・監訳者略歴

藤山直樹（ふじやま　なおき）

1953年　福岡県に生れる。幼少期を山口県の瀬戸内海岸で育つ。

1978年　東京大学医学部卒業

その後，帝京大学医学部助手，東京大学保健センター講師，

日本女子大学人間社会学部教授を経て

現　在　上智大学名誉教授

東京神宮前にて個人開業。

国際精神分析学会（IPA）訓練精神分析家，日本精神分析協会運営委員

日本精神分析学会運営委員

専　攻　精神分析

著訳書　精神分析という営み（岩崎学術出版社），心のゆとりを考える（日本放送出版協会），転移-逆転移（共著，人文書院），「甘え」について考える（共編著，星和書店），オグデン＝こころのマトリックス（訳，岩崎学術出版社），サンドラー＝患者と分析者［第２版］（共訳，誠信書房），現代フロイト読本1･2（共編著，みすず書房），集中講義･精神分析 上･下，続･精神分析という営み，精神分析という語らい（以上 岩崎学術出版社），落語の国の精神分析（みすず書房）他

URL: http://www.fujiyamanaoki.com/

編・訳者略歴

坂井俊之（さかい　としゆき）

1977年　東京都に生れ，千葉で育つ。

2013年　上智大学大学院文学研究科心理学専攻博士後期課程満期退学

現　在　東京医科大学病院　臨床心理士

専　攻　精神分析・臨床心理学

訳　書　米国クライン派の臨床（共訳，岩崎学術出版社）

鈴木菜実子（すずき　なみこ）

1982年　宮城県に生れる。

2010年　上智大学大学院総合人間科学研究科心理学専攻博士後期課程修了，博士（心理学）

現　在　上智大学総合人間科学部心理学科　特別研究員

専　攻　精神分析・臨床心理学

著訳書　嘘の心理学（分担執筆，ナカニシヤ出版）

訳者分担と所属

精神分析療法中における夢解釈の取り扱い	山崎孝明	式場病院／上智大学大学院博士後期課程
転移の力動	澁木尚子	駒木野病院／上智大学博士後期課程
精神分析を実践する医師への勧め	坂井俊之	
治療の開始について	小澤和輝	こころのドア船橋
想起すること，反復すること，ワークスルーすること	鈴木菜実子	
転移性恋愛についての観察	大住真理	あおきクリニック心理療法室
精神分析治療中の誤った再認識について	松下静枝	早稲田大学系属早稲田渋谷シンガポール校／シンガポール日本人学校
終わりのある分析と終わりのない分析	山田聡子	きしろ心理相談室室長
	岡田裕子	きしろ心理相談室
	兼城賢志	上智大学大学院博士後期課程
分析における構成	橋本貴裕	タヴィストッククリニック

フロイト技法論集
ISBN978-4-7533-1082-1

監訳者
藤山　直樹

2014 年 11 月 1 日　第 1 刷発行
2022 年 8 月 30 日　第 4 刷発行

印刷　(株)新協　／　製本　(株)若林製本

発行所　(株) 岩崎学術出版社　〒101-0062　東京都千代田区神田駿河台 3-6-1
発行者　杉田　啓三
電話 03 (5577) 6817　FAX 03 (5577) 6837

精神分析事典

●編集委員会

代表　小此木啓吾

幹事　北山　　修

委員　牛島定信／狩野力八郎／衣笠隆幸／藤山直樹／松木邦裕／妙木浩之

☆編集顧問　土居健郎／西園昌久／小倉清／岩崎徹也

☆編集協力　相田信男／大野裕／岡野憲一郎／小川豊昭／笠井仁／川谷大治／斎藤久美子／鑪幹八郎／舘哲朗／馬場謙一／馬場禮子／福井敏／丸田俊彦／満岡義敬

●精神分析事典の特色

百年余の歴史をもつ精神分析学の古典と現代にわたる重要な知見を，学派，文化，言語に偏ることなく，臨床を中心にわが国の独創的概念や国際的貢献も厳しく精選，1,147 項目に収録。

精神分析だけでなく，その応用領域に至るまで，わが国の第一人者たちによる最新の成果や知見を駆使しての執筆。

参考文献は著作者順に整理され文献総覧として活用でき，和文・欧文・人名の詳細な索引はあらゆる分野からの使用に役立つよう工夫された。

●刊行の意図と背景

・国際的にみて，いずれも特定の立場と学派に基づいている。それだけに，それぞれ独自の視点が明らかでそれなりの深い含蓄を持っているが，精神分析全体を展望するものとは言い難い。わが国の精神分析の輸入文化的な特質をも生かすことによって，世界で最も幅広いしかも総合的な見地からの精神分析事典を編集したい。

・わが国の精神分析研究もすでに戦後 50 年の積み重ねを経て，精神分析のそれぞれの分野の主題や各概念について膨大な知識の蓄積が行なわれ，成熟を遂げて現在にいたっている。その成果を集大成する時代を迎えている。

・またフロイトの諸概念の訳語をめぐる新たな研究の国際的動向や，わが国の日本語臨床，翻訳問題の研究が，本事典の編集作業を促進した。(編集委員会)

・B5 判横組　712 頁